Bibliografische Information der Deutschen Nationalbibliothek:

Die Deutsche Nationalbibliothek verzeichnet diese Publikation in der Deutschen Nationalbibliografie; detaillierte bibliografische Daten sind im Internet über http://dnb.d-nb.de abrufbar.

Impressum:

Copyright © 2017 Studylab

Ein Imprint der GRIN Verlag, Open Publishing GmbH

Druck und Bindung: Books on Demand GmbH, Norderstedt, Germany

Coverbild: ei8htz

Bianca Monetta

Sport und Männlichkeit.

Die Konstruktion
von Männlichkeit im Fußball

2016

Inhaltsverzeichnis

1. Einleitung und Nennung des Themas

„Das Fußballspiel ist rituelle Jagd, stilisierter Kampf und symbolisches Geschehen." (Morris, 2016)

„Fußball ist einfaches Spiel mit einfachen Regeln. Und sein Sinn liegt ausschließlich in ihm selbst. Was zählt, ist das Team. Und das besteht keinesfalls nur aus elf Spielern, sondern aus uns allen - ein Paradies für Emotionen, weil wir alle natürlich Sieger sein wollen". (Morris, 2016)

Millionen Menschen fiebern mit, wenn der Ball rollt. Er verbindet Nationen auf der ganzen Welt, vereint die Menschen eines Landes unter einer Flagge und ist auf der anderen Seite eines der wichtigsten Sprachrohre von regionalen Rivalitäten. Er lässt Fanherzen höher schlagen, bringt Menschen zum Jubeln und treibt anderen im selben Moment Tränen in die Augen: Kein Sport ist in Deutschland so beliebt wie der Fußball. Gerade erst zeigte die WM 2014 in Brasilien, welche Stimmungskraft und Euphorie ein Sport unter den Menschen auslösen kann. Neue Zuschauerrekorde an den TV-Bildschirmen, Tausende feierten friedlich auf den bundesweiten Public Viewing Events den Gewinn des Weltmeistertitels der Nationalmannschaft.

Der Fußball ist in seinem Ursprung und in seiner populären Grundeinstellung vor allem ein Männersport. Denn bei aller Freude und meist einem aktuellen Anlass geschuldeter, geschlechterübergreifender Begeisterung, ist mit dem Fußball unvermeidlich ein Männlichkeitsbegriff verknüpft. Der Ball, der Platz, der Kicker. Männer dominieren den aktuellen Leistungssport im Fußball, hauptsächlich männliche Fans unterstützen diesen Sport als leidenschaftliche Fans von der Seitenlinie und trotz aller gesamtdeutschen Euphorie wird dieser Sport unvermeidlich mit einem männlichen Stereotypen verbunden. In seiner langen Geschichte durchlebte der Fußball die unterschiedlichsten Imagephasen, was aber blieb, war die stetige, zwangsläufige männliche Kodierung, zumindest in jenen Ländern, in denen er zur Riege der nationalen Kernsportarten zählt. So lässt sich diese These ungehindert auch für Deutschland festhalten: In seinem grundsätzlichen Verständnis ist Fußball ein Sport von Männern und für Männer.

So gilt Fußball auch als Inbegriff des Männlichen und zeichnet sich durch seine soziale Aufladung aus. Er ist ein Ort des Wettbewerbs zwischen Männern und eignet sich deshalb besonders für die Konstruktion von Männlichkeiten. So können hegemoniale Männlichkeiten durch den Fußball also auf traditionelle Männlichkeitsvorstellungen zurückgreifen und sich dadurch „männlich machen" (Sülzle, 2005b).

Fußball und die Fußballfankultur sind wichtige Orte gesellschaftlich wirksamer Konstruktionen von Männlichkeiten. Fußball ist Männersport und Fußballfans sind normalerweise männlich. Mit Fußballfans wird Grölen und Saufen, Kameradschaft und Gewalt assoziiert. Zumindest für manche Fans ist das Fußballstadion der letzte Ort, an dem sie echte Männlichkeit leben können. Kurz: Fußball ist eine Männerwelt.

Doch wie findet die Konstruktion von Männlichkeit im Fußball statt und wieso kann sich an diesem Ort das traditionelle hegemoniale Männlichkeitsbild vor der Modernisierung der Geschlechterverhältnisse schützen?

Die vorliegende Wissenschaftliche Hausarbeit untersucht die moderne Auslegung des Fußballspiels als eine ausschließlich männlich konnotierte Struktur, innerhalb welcher sich die traditionelle hegemoniale Männlichkeit zu schützen versucht. Dazu ziehe ich zunächst als Grundlage die Theorie hegemonialer Männlichkeit, das Konzept der „ernsten Spiele des Wettbewerbs", die Negation des Weiblichen und die soziale Konstruktion von Geschlecht im Sport heran. Anschließend wird auf dieser Grundlage die Struktur des modernen Fußballs als vergeschlechtliche Institution dargelegt. Darauf folgt die gezielte Betrachtung der Sportart Fußball als ein „ernsten Spiel(e) des Wettbewerbs", gefolgt von den Strukturen des Fußballs, der Männlichkeit im Stadion und in der Kabine, sowie der Homosexualität im Profifußball. Abgeschlossen wird die Arbeit mit dem Wandel der Fußballkultur, sowie einem knappen Fazit, das noch einmal ein rückblickendes Resümee auf die Konstruktion von hegemonialer Männlichkeit im Fußball geben soll.

2. Theoretische Konzepte zur Konstruktion von Männlichkeit

„Wann ist ein Mann ein Mann?", diese Frage stellt Herbert Grönemeyer (1984) in seinem Lied „Mann" und beantwortet die Frage mit „ … Männer geben Geborgenheit … Männer stehn' ständig unter Strom, Männer baggern wie blöde, Männer lügen am Telefon, Männer sind allzeit bereit, Männer bestechen durch ihr Geld und ihre Lässigkeit … außen hart und innen ganz weich, werden als Kind schon auf Mann geeicht … " (Grönemeyer, 1984).

Männlichkeit ist keine naturgegebene Tatsache, sondern das Produkt einer kontinuierlichen Konstruktionsleistung. Männer müssen genauso wie Frauen tagtäglich Geschlecht in Interaktionsprozessen (re)produzieren und darstellen, so schreibt Simone de Beauvoirs „man kommt nicht als Frau zur Welt, man wird es" (Beauvoir, 2000, S. 334).

Candace West und Don H. Zimmerman (1987) entwickelten das Konzept des „doing gender", einen Ansatz, welcher den permanent ablaufenden Prozess der Geschlechtsherstellung zu erklären versucht. Dieser aktionsorientierter Analyseansatz begreift Geschlecht als das Produkt von performativen Tätigkeiten. West und Zimmerman nehmen an, dass man im Alltag permanent das sozial erlernte und erwartete Geschlecht herstellt, was letztendlich in einer Stabilisierung der bestehenden Geschlechterverhältnisse resultiert. Demnach ist Geschlecht nicht als feste Eigenschaft zu verstehen, sondern vielmehr als das Ergebnis von sozialen Prozessen, in denen Geschlecht als folgenreiche Unterscheidung hergestellt und verfestigt wird (Gildemeister, 2004, S. 137). Das Geschlecht wird als soziale Konstruktion begriffen, denn ein „Geschlecht hat man nicht einfach, man muss es „tun", um es zu haben" (Behnke & Meuser, 1999, S. 41).

Die dreistufige Neufassung der „sex-gender" Differenzierung bildet einen zentralen Baustein des „doing gender"-Ansatzes. Dabei unterscheiden West und Zimmerman bei ihrem Konzept zwischen den Begriffen „sex", „sex-category" und „gender". Der Begriff „sex" bezeichnet die Geburtsklassifikation des Geschlechtes auf der Grundlage von gesellschaftlich vereinbarten biologischen Kriterien, „sex-category" die Zuordnung zu einem Geschlecht auf Basis der gesellschaftlich zu erwartenden Darstellung einer identifizierbaren Zugehörigkeit, die jedoch nicht zwangsläufig mit der Geburtsklassifikation identisch sein muss. Mit dem Begriff „gender" beschreiben West und Zimmerman schließlich die intersubjektive Validierung von Geschlecht. Dazu müssen sich bestimmte Handlungen und Verhaltensweisen an normativen Vorgaben orientieren, um in Interaktionsprozessen angemessen interpretiert zu werden (Gildemeister, 2004, S. 138).

Paula-Irene Villa (2006) teilt den Prozess des „doing gender" in verschiedene Kategorien auf um an ihnen zu klären, wie der Vorgang in der Praxis abläuft. Im Anschluss an Hirschauer (1989) beschreibt sie die Geschlechtskonstruktion als ein Zusammenspiel von Geschlechtsdarstellung und -attribution.

Die Geschlechtsdarstellung geschieht, indem jedes Individuum dafür sorgen muss, dass es als Mann oder Frau erkannt wird, indem man sich hinsichtlich bestimmter Eigenschaften, wie Kleidung, Stimme, Gestik, Mimik sowie einem „angemessenen" Verhalten gegenüber dem anderen Geschlecht an normativen Vorgaben orientiert.

Bestimmte Eigenschaften und Wertungen, welche einem Geschlecht zugeschrieben werden, beschreibt die Geschlechtsattribution. Erst durch die Geschlechtsattribution kommt es in der sozialen Interaktion dazu, dass man von anderen Individuen als Mann oder Frau betrachtet wird. Anhand des Zusammenspieles von Geschlechtsdarstellung und Geschlechtsattribution lässt sich schließlich die Geschlechtszugehörigkeit zweifelsfrei festlegen (Villa, 2006, S. 91f). Durch die alltägliche kontinuierliche (Re-)Produktion von geschlechtlich konnotierten Praktiken erfolgt die Herstellung von Geschlecht, da es durch die permanente Ausübung von bestimmten Handlungen, Sprechweisen oder auch der Kleidungswahl zur unmittelbaren Einverleibung der sozial konstruierten Geschlechtsnormen kommt. „Doing gender" ist demnach sowohl „das Ergebnis, wie auch die Rechtfertigung verschiedener sozialer Arrangements, sowie ein Mittel, eine der grundlegenden Trennungen der Gesellschaft zu legitimieren" (Gildemeister, 2004, S. 132). Damit meint Gildemeister, dass es erst durch die alltägliche (Re)Produktion der binären Geschlechterteilung dazu kommt, dass die Differenz jener Geschlechter als „natürlich" und „angeboren" erscheint.

Ein Individuum wird erst zum Mann oder Frau, wenn es im Diskurs dazu gemacht wird, dies ist eine zentrale Rolle bei der (Re)Produktion der binären Geschlechtereinteilung. Villa versteht darunter „Systeme des Denkens und Sprechens, die das, was wir von der Welt wahrnehmen, konstituieren, indem sie die Art und Weise der Wahrnehmung prägen" (Villa 2012, S. 20). Für Villa sind performative Sprechakte ein elementarer Bestandteil der sozialen Praxis. Für sie sind performative Äußerungen somit „Formen der Rede, die das, was sie besagen, dadurch, dass etwas gesagt wird, produzieren" (Villa, 2012, S. 26). Dies bedeutet, dass performative Äußerungen das ausführen, was gesagt wird, indem es gesagt wird. Es muss jedoch an dieser Stelle erwähnt werden, dass performative Äußerungen stets von der sozialen Position des Sprechers abhängig sind. Schließlich steht nicht jedem Individuum dasselbe Maß an Macht und Autorität zu.

Michael Meuser schließt an das Konzept des „doing gender" an, indem er mit dem Begriff des „doing masculinity" all jene Praktiken umschreibt, die für die Konstruktion und Darstellung von Männlichkeit verantwortlich sind. Eine elementare Form der Männlichkeitskonstruktion erfolgt dabei durch die bewusste Negation zur Weiblichkeit. Den Bezugspunkt für das „doing masculinity" sieht Meuser in homosozialen Cliquen verankert, indem sich Männer untereinander beweisen müssen. Dies geschieht insbesondere durch körperliche Auseinandersetzungen, Mutproben, Wortgefechte oder sonstige Duellsituationen. Meuser beschreibt den Nutzen und die Auswirkungen von derartigen Praktiken wie folgt:

> "Die jungen Männer sind einerseits ständig gefordert, ihre Männlichkeit unter Beweis zu stellen - insofern ist ihre Männlichkeit fragil -, sie wissen aber andererseits und werden darin durch die Gruppe bestärkt, was sie tun müssen, um sich als Mann zu beweisen - insofern gibt es eine habituelle Sicherheit. Es sind die ernsten Spiele des Wettbewerbs, in denen Männlichkeit sich formt, und die homosoziale Gemeinschaft sorgt dafür, dass die Spielregeln in das inkorporierte Geschlechtswissen der männlichen Akteure eingehen" (Meuser, 2008a, S. 38).

Die Adoleszenz betrachtet Meuser somit als essentiell wichtige Phase für die Stabilisierung und Inkorporierung von „männlichen" Wert- und Normvorstellungen. Neben dem Wettbewerb zeigt sich der Prozess des „doing masculinity" häufig auch in Form von Gewaltakten, dem fahrlässigen Umgang mit der eigenen Gesundheit oder einer generellen Abneigung gegenüber Gefühlen und Emotionen. All jene Praktiken sind es, die im Zusammenspiel dafür sorgen, dass ein Mann als „männlich" wahrgenommen wird und trägt zur hegemonialen Männlichkeit bei.

2.1 Das Konzept der hegemonialen Männlichkeit

Die industriekapitalistisch getragene männliche Herrschaft wird laut Connell (1999, 1998), durch Macht, Sexualität und Arbeit im modernen Geschlechterverhältnis strukturiert und reproduziert. Er begreift Männlichkeit als „historisch bewegliche Relation" (1999, S. 102), sowohl zwischen Männern und Frauen, als auch in der Gruppe unter Männern, die an aktuelle sozialstrukturelle Verhältnisse rückgebunden ist.

Das Konzept der hegemonialen Männlichkeit als gesellschaftliche und kollektive Konstruktion von Männlichkeit, stellt Connell (1999, S. 97) wie folgt dar: „Hegemoniale Männlichkeit ist ... jene Form von Männlichkeit, die in einer gegebenen Struktur des Geschlechterverhältnisses die bestimmende Position einnimmt, eine Position allerdings, die jederzeit infrage gestellt werden kann.". Dieses Konzept inkorporiert einerseits die männliche Dominanz und weibliche Unterordnung, geht aber andererseits davon aus, dass es zudem untereinander konkurrierende Männlichkeiten gibt, die einem hierarchischen Verhältnis zueinander stehen.

Männlichkeit ist demnach die Dominanz und Unterordnung gegenüber Frauen und marginalisierten Männern und ein wichtiges Ausdrucksmittel der hegemonialen Männlichkeit. Connell schreibt dazu: „Am wichtigsten in der heutigen westlichen Gesellschaft ist die Dominanz heterosexueller Männer und die Unterordnung homosexueller Männer" (Connell, 2000, S. 99). Michael Meuser beschreibt dieses von Connell entworfene theoretische Konstrukt im Zusammenhang von Dominanz und Unterordnung im Geschlechterverhältnis als „doppelte Dominanz- und Distinktionsstruktur" (Meuser, 2000, S. 7). Also sowohl heterosozial, d.h. Männer gegenüber Frauen als auch homosozial d.h. unter Männern:

> „Geschlecht ist eine relationale Kategorie, nicht nur in dem Sinne, dass Männlichkeit allein in Relation zur Weiblichkeit bestimmt werden kann und vice versa, sondern zudem in der Hinsicht, dass der gesellschaftliche Status eines Individuums auch in den Beziehungen zu den Mitgliedern der eigenen Genus-Gruppe bestimmt wird" (Meuser, 2000, S. 7).

Das Konzept der hegemonialen Männlichkeit integriert somit eine gesellschaftliche, kulturell-symbolische und individuelle Dimension von Geschlecht. Die Reproduktion von Männlichkeit im Kontext von Staat, Institutionen und Milieus wirken auf gesellschaftlicher Ebene, die kulturell-symbolische Ebene bezieht sich hingegen auf die diskursive Rezeption und mediengestützte Repräsentation normativer Leitbilder und Orientierungsmuster. Auf der individuellen Ebene spricht Connell die körperlich getragenen Handlungs- und Deutungsvollzüge konkreter Personen im sozialen Kampf um die Dominanzposition an und eröffnet damit einen Blick auf Männlichkeit in der Spannung zwischen individuellem Handeln und gesellschaftlicher Entwicklung. Stärker als Connell geht es Meuser um Männlichkeit als ein generatives Prinzip praxeologischer Reproduktion von Geschlecht im Sinne einer Strukturkategorie. Hier steht nicht ein „spezifisches Normen- und Wertesystem" zur inhaltlichen Bestimmung von Männlichkeit im Vordergrund, sondern der geschlechtstypische Konstruktionsprozess der Zweigeschlechtlichkeit als kulturelle Differenzachse (Meuser, 2006, 175).

An den Brennpunkten sozialer Ungleichheit, die gesellschaftliche Milieus durchziehen, schließt Männlichkeit eng an. Connell stellt in seiner Theorie die Pluralität von Männlichkeitskonstruktionen innerhalb einer Gesellschaft ins Zentrum, die in einem hierarchischen Bezug zueinander organisiert sind. Männer mit Zugang zu gesellschaftlich relevanten Machtressourcen repräsentieren ein bestimmtes Männlichkeitsbild und bilden ein kulturell verfügbares Orientierungsmuster für die Gestaltung von Geschlechterarrangements und Identitätsbezügen. Eine grundlegende Annahme besteht in der Normativität und Akzeptanz hegemonialer Männlichkeit unter Männern, da sie bezüglich ihrer Geschlechterkategorie gemeinsam von der Abwertung von Weiblichkeit profitieren. Dieses bewusste oder unbewusste männerbündische Einverständnis bezeichnet Connell als „patriarchale Dividende", eine Handlungs- und Deutungsoption, die Männern als symbolische Gewalt gegenüber Frauen ausspielen können. Darunter versteht er beispielsweise Vorteile in der Verteilung von emotionalem und finanziellem Kapital und Ausschluss von Frauen aus Führungspositionen.

Die idealtypische Verkörperung hegemonialer Männlichkeit besitzt nur eine kleinen Gruppe von Männern, so Connell, der Großteil der Männer beziehe sich freiwillig oder zwanghaft mit Zustimmung oder Abgrenzung auf dieses massenmedial gestützte Männlichkeitsmodell und organisiere sich in einer komplizenhaften, untergeordneten oder marginalisierten Männlichkeit (Connell, 2000, S. 102).

Meuser (2006a, S. 164) lehnt sich für den Prozess der Aneignung von Männlichkeit als „Regelwerk" zur Geschlechterkonstruktion an den habitustheoretischen Lernbegriff der „Strukturübung" im Sinne eines vorreflexiven, praktischen Lernprozesses an. Mit der Beteiligung an den homosozialen unter Männern ausgerichteten „ernsten Spieler des Wettbewerbs" (Meuser, 2006a, S. 168) bestätigen die Mitspieler den kompetitiven Modus der Geschlechterkonstruktion und erlernen ihn zugleich körperlich-sinnlich als männlichen Habitus. Eine „Einheit in der Differenz" wird durch die generative Wirkung ermöglicht, diese verbindet männlich sozialisierte Personen über soziale Felder hinweg. Die Pluralisierung von Männlichkeitsbildern sei dementsprechend als Reflex auf die

Fragmentierungsprozesse moderner Gesellschaften zu lesen (Meuser & Behnke, 1998).

Die besondere Bedeutung der homosozialen Dimension liege im geschlechtsexklusiv, emotional eingeschriebenen Kapital der „patriarchalen Dividende", Männlichkeit bilde daher einen konjunktiven Erfahrungsraum (Meuser, 2000, S. 66), den die Beteiligten gegenüber Frauen sozial schließen. Distinktion und Konjunktion im Rahmen hegemonialer Strukturen formen die Ausbildung von Orientierungsmustern, Werthaltungen und Deutungsschemata. Im Zentrum des männlichen Wettstreits steht die Verbindung von Konkurrenz und Solidarität, die als Nebenprodukt männlicher Sozialisation eine habituelle Sicherheit in Bezug auf geschlechtliche Verortungspraxen erzeugt (Meuser, 2005b).

Die verschiedenen „kontextgebundenen Versionen hegemonialer Männlichkeit" (Scholz, 2004, S. 46) stehen, wie die Individuen, die sie aushandeln, ihrerseits in einem symbolischen Wettstreit um die kulturell-symbolische Dominanz. Das hierarchische Verhältnis der hegemonialen Männlichkeit reproduziere das Geschlechterverhältnis in Form einer „männlichen Hegemonie" (Scholz, 2004, S. 46). Zudem wird Geschlecht als relationale Kategorie konzipiert, einerseits im Verhältnis zwischen Männern und Frauen und andererseits im Bezug zu emotionalen Gehalt und Machtbeziehungen. Obwohl sie nur von einer geringen Anzahl von Männern verkörpert werden kann, versteht Meuser hegemoniale Männlichkeit „als generatives Prinzip des männlichen Geschlechterhabitus" (Meuser, 2000b, S. 59). Die Auslebung dieses geschlechtlichen Habitus erzeugt habituelle Sicherheit. Mit habituelle Sicherheit meint Meuser (1998, S. 119) „eine Sicherheit, die ein Handeln betrifft, das unter den Geltungsbereich eines bestimmten Habitus und in den Rahmen einer bestimmten Sozialordnung fällt, hier derjenige der Zweigeschlechtlichkeit."

Während man als nicht-hegemoniale Männlichkeit nach Connell (1995, S. 78ff) „untergeordnete", „komplizenhafte" und die „marginalisierte" Männlichkeit versteht. Als untergeordnet bezeichnet er die homosexuelle Männlichkeit, als komplizenhaft, die Männlichkeit derjenigen Männer, die die hegemoniale Männlichkeit nicht verkörpern, diese aber unterstützen, sodass sie an der „patriarchalen Dividende" teilhaben. Als marginalisiert versteht er die Männlichkeit untergeordneter sozialer Klassen oder ethische Gruppen.

2.2 Ernste Spiele des Wettbewerbs

Der männliche Habitus wird in den „ernsten Spielen des Wettbewerbs" erworben, den die Männer unter sich austragen. Pierre Bourdieu vermerkt, der männliche Habitus werde „konstruiert und vollendet ... nur in Verbindung mit dem den Männern vorbehaltenen Raum, in dem sich, unter Männern, die ernsten Spiele des Wettbewerbs abspielen" (1997a, S. 203). Dabei stellt Bourdieu die Aspekte der kompetiven Struktur von Männlichkeit und den homosozialen Charakter der sozialen Felder heraus, in denen der Wettbewerb stattfindet (Bourdieu, 2005, S. 83). Die Spiele des Wettbewerbs, die Bourdieu anführt, werden in all den Handlungsfeldern gespielt, welche die Geschlechterordnung der bürgerlichen Gesellschaft als die Domänen männlichen Gestaltungswillens vorgesehen hat: In der Ökonomie, der Politik, der Wissenschaft, den religiösen Institutionen, im Militär sowie in sonstigen nicht privaten Handlungsfeldern. Den Frauen ist in diesen Feldern eine marginale, gleichwohl für die Konstitution von Männlichkeit nicht unwichtige Position zugewiesen: „Von diesen Spielen rechtlich oder faktisch ausgeschlossen, sind die Frauen auf die Rolle von Zuschauerinnen oder, wie Virginia Woolf sagt, von schmeichelnden Spiegeln verwiesen, die dem Mann das vergrößerte Bild seiner selbst zurückwerfen, dem er sich angleichen soll und will" (Bourdieu, 1997a, S. 203).

Der Wettbewerb trennt die Beteiligten nicht, er ist zugleich in ein- und derselben Bewegung ein Mittel männlicher Vergemeinschaftung. Wettbewerb und Solidarität gehören untrennbar zusammen (Meuser, 2003a). An der Institution des Duells und der darin zu verteidigenden „männlichen Ehre" lässt sich exemplarisch ablesen, wie in ernsten Spielen des Wettbewerbs der männliche Habitus geformt wird. „Wirkliche Ehre" kann nur die Anerkennung bringen, die - so Bourdieu (1997a, S. 204) - von einem Mann gezollt wird, „der als ein Rivale im Kampf um die Ehre akzeptiert werden kann". In der bürgerlichen Gesellschaft war die Klassenzugehörigkeit das Kriterium, das darüber entschied, wer als Rivale in Frage kam. Anhand des Ehrenhändels lässt sich ein fundamentales Prinzip der Konstruktion und Reproduktion von Männlichkeit verdeutlichen: Eine doppelte Abgrenzung, die zu Dominanzverhältnissen sowohl gegenüber Frauen als auch gegenüber anderen Männern führt. Bourdieu (1997a, S. 215) spricht in diesem Zusammenhang von der „libido dominandi" des Mannes „als Wunsch, die anderen Männer zu dominieren, und sekundär, als Instrument des symbolischen Kampfes, die Frauen".

Die Geschlechterordnung befindet sich seit ca. drei Jahrzehnten in einem sich beschleunigenden Transformationsprozess. Die Veränderungen in den Beziehungen der Geschlechter zueinander haben unter anderem die Konsequenz, dass die Frauen in zunehmend geringerem Maße die Funktion von „schmeichelnden Spiegeln" erfüllen. Auch wenn der männliche Habitus in den ernsten Spielen, welche die Männer unter ihresgleichen austragen, konstituiert wird, ist die Position des Mannes in der Geschlechterordnung nicht losgelöst von derjenigen, welche die Frau einnimmt. Bourdieu (1997a, S. 204) sieht in der „weiblichen Unterwerfung" eine „unersetzliche Form von Anerkennung", eine „Anerkennung, die denjenigen, der ihr Gegenstand ist, in seiner Existenz rechtfertigt und darin, so zu existieren, wie er existiert". Der „Vermännlichungsprozess" sei wahrscheinlich „nur mit dem insgeheimen Einverständnis der Frauen ganz zu vollenden".

Meuser (2001, S. 8) schreibt, dass sich gerade unter den Bedingungen der Transformation der Geschlechterordnung die zentrale Bedeutung erweist, die der homosozialen Männergemeinschaft für die Reproduktion des männlichen Habitus zukommt. Es sind vor allem diese Gemeinschaften, in denen Männer unter ihres gleichen sind, welche das für den männlichen Habitus generative Prinzip der hegemonialen Männlichkeit als zentrales Kriterium von Männlichkeit bekräftigen. Diese Gemeinschaften sind ferner soziale Räume, in denen Männer Verunsicherungen, welche durch den Wandel der Geschlechterverhältnisse induziert werden, auffangen können und die ihnen habituelle Sicherheit vermitteln. In dieser Hinsicht lässt sich die homosoziale Männergemeinschaft als ein kollektiver Akteur der Konstruktion der Geschlechterdifferenz und von hegemonialer Männlichkeit begreifen.

2.3 Die Negation zum Weiblichen

Zu Beginn des 20. Jahrhunderts bezeichnete Otto Weininger die Überwindung angeborener weiblicher Charaktereigenschaften als die zentrale Aufgabe des Mannes. Nur dieser habe die Fähigkeit, durch klares Denken vermeintlich unmännliche Eigenschaften, wie z.B. die Anti-Typen und Frauen unterstelle (sexuelle) Zügellosigkeit, zu überwinden (Schmale, 2003, S. 23ff). Männliche Geschlechtsidentität bildet sich über eine Abgrenzung von Frauen, sowie gegenüber allem was weiblich ist. Diese Abgrenzung äußert sich nicht selten in Gestalt einer Abwertung des Weiblichen (Böhnisch & Winter 1993).

Bereits im 17. Jahrhundert wurde die männliche Überlegenheit von Teilen der Gesellschaft angezweifelt und somit bedroht. Ausdruck hierfür war beispielsweise die Darstellung des entblößten männlichen Geschlechts in der Hochkunst (Schmale, 2003, S. 140f). Derartige Herabwürdigungen von Männlichkeit sind ebenso wie der zunehmende gemischtgeschlechtliche Umgang Ursprung von männlicher Unsicherheit in Bezug auf ihre Geschlechtsrolle. Der zunehmende geschlechterübergreifende Umgang führt dazu, dass männliches Verhalten auch von Weiblichkeit beeinflusst wurde, die sich zunächst in Relation zur hegemonialen Männlichkeit als zentralen Organisationsmomentes bürgerlicher Gesellschaften definierte. Diese Beeinflussung des männlichen Verhaltens fand seit jeher zumeist nicht in Form einer aktiven Übernahme typisch weiblicher Verhaltensweisen durch den Mann, sondern durch unbewusste und bewusste Abgrenzung zu diesen statt. Neben der Marginalisierung von Minderheiten wie z.B. den Homosexuellen, diente also auch die Abgrenzung und Abwertung der Frauen bzw. allem weiblichen dazu, sich der eigenen männlichen Identität bewusst und sicher zu sein.

Ausgehend von einer tradierten weiblichen Dominanz in der Erziehung, kommt es zu unterschiedlichen Individuations- und Differenzierungsprozessen von Mädchen und Jungen. Die Gleichheit zwischen Mutter und Tochter lässt den weiblichen Individuationsprozess anders verlaufen als den der Jungen (Rose, 1997). Das Mädchen wird demnach von der Mutter als „Verdoppelung" erlebt und kann im Vergleich zu Jungen länger und unbefangener Einssein mit der Mutter (Hagemann-White, 1984, S. 95). Der Junge hingegen findet keine so starke Mutter-Kind-Dyade vor. Er wird aus der mütterlichen Symbiose verstärkt heraus gedrängt und auf sich selbst verwiesen. Der Junge weiß damit sehr früh, dass er anders als die Mutter ist, findet aber nur selten eine entsprechende Identifikationsfolie, da der Vater meist räumlich und emotional abwesend ist. Die Rolle des Vaters, der ihm Geborgenheit geben und als Spiegel der Gleichheit dienen könnte, fehlt dem Jungen (Bönisch, 1993, S. 54). Die Individuation des Jungen erfordert daher nicht in Anlehnung an den Vater, sondern als negative Abgrenzung gegen die Mutter (Rose, 1995, S. 74). Der Junge erlebt sogar nach Hagemann-White eine doppelte Negation: „Frau ist, wer kein Mann ist. Eine Frau ist nicht Mann." (Hegemann-White, 1983, S. 92). Der Junge entwickelt demnach demonstrativ sich abgrenzende Tugenden der Härte, Unverletzlichkeit, Selbständigkeit und Leistungsfähigkeit. Die Herstellung der Männlichkeit wird zum aktiven Prozess, der sich durch Abgrenzung zum typisch weiblichen definiert (Hagemann-White, 1983, S. 94).

Die genannte häufige Abwesenheit stabiler männlicher Bezugspersonen in der Familie hat zur Folge, dass die Negation typisch weiblicher Verhaltensweisen auch bei der Männlichkeitskonstruktion gegenwärtig aufwachsender Jungen eine hervorgehobene Rolle spielt (Schmale, 2003, S. 257). Sofern sie gleichgeschlechtlicher Identifikationsmodelle im sozialen Umfeld nicht vollständig entbehren, begegnen sie ihnen doch oftmals nur als hervorgehobene oder moralische Instanzen. Die Abwesenheit realer, verfügbarer und alltäglicher männlicher

Modelle im sozialen Nahraum hat besonders Einfluss auf die Entwicklung von Jungen im Alter von etwa fünf bis sieben Jahren.

Mit dem Erlangen des von Piaget untersuchten „kognitiven Stadiums der konkreten Operationen" (Jantz & Brande, 2006, S. 71) realisieren Kinder die Unumkehrbarkeit des Geschlechts und die Abwertung Angehöriger des anderen Geschlechts und ihrer Eigenarten erreicht ihren Höhepunkt. Parallel hierzu gewinnt die Identifikation mit Gleichgeschlechtlichen an Bedeutung. Auf der Suche nach männlicher Identität müssen Jungen jedoch feststellen, dass Männlichkeit keine Begründung in sich selbst zu haben scheint, sondern sich lediglich in der Negation zu Weiblichkeit definiert. Es entsteht eine „Nicht-Identität", da Verhaltensmaxime wie „nicht ängstlich sein" oder auch „nicht emotional sein" die entscheidenden Richtlinien für akzeptiertes männliches Verhalten darstellen (Jantz & Brandes, 2006, S. 71f).

2.4 Prekarisierte Männlichkeit

Gravierende Umbrüche in der Erwerbssphäre bzw. auf dem Arbeitsmarkt zeichnen den Begriff der Prekarisierung aus. Sie sind ein Beleg dafür, dass seit einiger Zeit das Normalarbeitsverhältnis erodiert, zugunsten von unsicheren, zeitlich befristeten, niedrig bezahlten Arbeitsverhältnissen. Diese neuen Arbeitsverhältnisse reichen oftmals weder für die unmittelbare Existenzsicherung aus, noch ermöglichen sie eine langfristig und angemessene Altersversorgung. Dazu gehört auch, dass Phasen von längerer oder kürzerer Arbeitslosigkeit zur „Normalität" werden. Die auf bestimmte fachliche Fähigkeiten begrenzte Arbeitskraft wird zunehmend durch einen Arbeitskrafttypus ersetzt, der auf die ganze Person, ihre fachlichen wie sozialen Kompetenzen, ihre Phantasie und Kreativität wie ihr organisatorisches und Zeitmanagement zugreift. Prekär werden also nicht nur Arbeitsverhältnisse, sondern auch bislang praktizierte räumliche und zeitliche Formen der individuellen Lebensführung und damit auch die ihnen entsprechenden Familien- und Geschlechterarrangements. Traditionell geprägte Arbeitsteilungen, etwa zwischen dem Familienernährer und der (zuverdienenden) Hausfrau werden fragwürdig und mit ihnen bislang gängige Klassifikationen von Männlichkeit und Weiblichkeit (Castel, 2000).

Männlich sozialisierte Beschäftigte, die sich der Zone der Prekarisierung zuordnen lassen, sind dabei, ihren Klassenstatus als Teil einer anerkannten Arbeiterschaft mit materieller Sicherheit und gradueller Wohlstandssteigerung zu verlieren und ihren Geschlechtsstatus als komplizenhaft hegemoniale Männer, die durch die Versorgerposition ihre überlegene Stellung in Beziehungen zu Frauen aufrechterhalten konnten, einzubüßen.

Die beiden Transformationen wirken auf sie kumulativ, es lässt sich in diesem Sinne von einer doppelten Erosion der strukturellen Bedingungen für durch Erwerbsarbeit vermittelte hegemoniale Männlichkeit sprechen. Während es für sie selbst schwerer wird, sichere Erwerbsarbeit zu finden, wird es für Frauen einfacher (wenn auch nach wie vor schwerer als für Männer), damit erodiert nicht bloß die Möglichkeit dieser Männer, das Familieneinkommen zu erzielen, sondern gleichzeitig wird ihre patriarchale Dividende sowohl in der öffentlichen Sphäre, am Arbeitsplatz, als auch in der privaten Sphäre, durch ihre erwerbstätigen Partnerinnen, die nicht mehr ohne weiteres bereit sind, die Familienarbeiten zu übernehmen, angefochten.

Diese doppelte Erosion lässt sich an einem Beispiel illustrieren: dem „Reproduktionsproblem niedrig qualifizierter Männer" (Scholz, 2009, S. 89). Immer weniger heterosexuellen jungen Männern, die weiterhin einen Kinderwunsch haben, gelingt es, diesen zu realisieren. Dies ist der kumulative Effekt mehrerer Faktoren. Zunächst gelingt es niedrig qualifizierten Männern immer weniger, eine beständige Partnerschaft aufzubauen, einerseits aufgrund unterschiedlicher Partnerschaftsvorstellungen zwischen Männern und Frauen, andererseits aufgrund ihrer schlechten Erwerbsaussichten, die sich negativ auf die Partnerfindung auswirken. Ist eine Partnerin gefunden, wird die „Konsolidierung" der Partnerschaft durch den unsicheren Erwerbsstatus und damit dann auch die Realisierung des Kinderwunsches verzögert, denn durch veränderte Vorstellungen von aktiver Vaterschaft und die gestiegenen Anforderungen an Flexibilität und Mobilität, sowie den unsicheren Erwerbsstatus werden Vereinbarkeitsprobleme auch für Männer verschärft (Scholz, 2009, S. 89ff). Das Gelingen der Konstruktion von hegemonialer Männlichkeit wird also fortwährend von zwei Seiten blockiert – durch die Schwierigkeit, eine sichere Erwerbsarbeit zu finden und durch die egalitäreren Ansprüche der potentiellen Partnerinnen.

Trotz der neuen ökonomischen Bedingungen an der Erwerbsarbeit halten Männer an ein auf Erwerbsarbeit orientierten Lebenslauf zur männlichen Identifikation fest: „dass sich Männer trotz der Veränderungen im Erwerbssystem an einem auf Arbeit zentrierten Lebenslauf orientieren und Erwerbsarbeit weiterhin die zentrale Referenz für männliche Identitätskonstruktionen ist." (Scholz, 2009, S. 86) Dabei wird zwar sehr wohl eine „soziale Verunsicherung" konstatiert, „[d]ie Versuche, diese Verunsicherung zu bewältigen, bewegen sich …[jedoch] im Rahmen tradierter Männlichkeitskonzepte" (Meuser, 2009, S. 258). Dörre geht hier weiter und konstatiert, dass sich „geschlechtliche Deutungs- und Handlungsschemata" durch die Prekarisierung eher noch „verfestigen." (Dörre, 2007, S. 298) In der Abwehr gegen die eigene, durch den beruflichen Abstieg induzierte „Zwangsfeminisierung" (Dörre, 2007, S. 297), entwickeln die Betroffenen (sowohl Männer als auch Frauen) Strategien, in denen die Konstruktion von Männlichkeit bzw. Geschlecht noch an Relevanz gewinnt.

Hinzu kommt die „pragmatische[n] Modernisierung" von Vaterschaft (Scholz, 2009, S. 93). Dabei handelt es sich um den „freiwillige(n) Ausstieg" einiger, vor allem junger Männer, die mit berufstätigen Frauen und oft auch Kindern zusammenleben, „aus der industriegesellschaftlichen Männlichkeitskonstruktion" (Scholz, 2009, S. 93). Dieser Ausstieg kann zu Verunsicherung führen, aber auch gelingen und zwar jenseits von hegemonialer Männlichkeit. Junge Facharbeiter aus dem Arbeitermilieu weisen dabei in der Praxis oft egalitärere Geschlechterpraxen auf als Gleichaltrige aus dem akademischen Milieu. Die pragmatische Modernisierung gelingt insbesondere dann, wenn keine explizite Geschlechterpolitik verfolgt wird: „Es ist der Pragmatismus, die Notwendigkeit des Alltagslebens, die zu stärker egalitären Arrangements führen." (Scholz, 2009, S 93f).

Die Reaktionen der Subjekte auf die Veränderung ihrer strukturellen Lage sind somit äußerst unterschiedlich. Sie reichen von der Beibehaltung oder der Verschärfung und Redramatisierung traditioneller Rollenvorstellungen bis zur „pragmatischen Modernisierung", von der Übernahme gewaltbereiter und faschistischer Einstellungen bis zum Aushandeln der Möglichkeiten eines würdigen Lebens. Die doppelte Erosion der strukturellen Bedingungen der durch Erwerbsarbeit vermittelte hegemoniale Männlichkeit und die vielfältige Reaktion der Subjekte auf diese Lage lässt sich als Suchbewegung interpretieren, die beide Richtungen kennt: der unter verstärkten Anstrengungen unternommene Versuch, erneut Anschluss zu finden an eine hegemonial-komplizenhafte Männlichkeit und die (zuerst pragmatische) Akzeptanz der neuen Position, die mit all ihren von der Desintegration aus der hierarchisierten Gesellschaft herrührenden Nachteilen zugleich auch einen Vorteil beinhaltet: Die Möglichkeit eines egalitären Lebens.

Es ist dieser Suchbewegung geschuldet, dass die Differenzen innerhalb der prekarisierten, marginalisiert-untergeordneten Männlichkeiten zunehmen. Mehr noch nehmen die Differenzen zwischen einer neuen aggressiv-dominanten, transnationalen Business-Männlichkeit und den zuletzt betrachteten marginalisiert-untergeordneten Männlichkeiten zu. Die Transformation der Arbeit in

Form einer partiellen Feminisierung der Erwerbsarbeit stellt nicht ein Problem für die hegemoniale Männlichkeit an sich dar. Sie verteilt aber die Chancen zur Aneignung hegemonialer Männlichkeit neu. Dabei kommt es auf einer Seite der Relation zu einer neuen Monopolisierung von Eigenschaften, die mit Männlichkeit assoziiert werden und somit zu einer Intensivierung hegemonialer Männlichkeit. Am anderen Ende kommt es zu einer doppelten Erosion der strukturellen Bedingungen für die Konstruktion hegemonialer Männlichkeit, die zu einer Suchtbewegung führt, die nicht nur Verlierer kennt.

2.5   Soziale Konstruktion von Geschlecht im Sport

Die Herstellung und Demonstration von Leistungsunterschieden und Hierarchien ist das Ziel von Sport. Daher ist es auch ein Feld, auf dem Geschlechterdifferenzen produziert und inszeniert werden (Pfister, 2006, S. 34).

Gerade im Sport hat sich Geschlecht als ein soziales Ordnungsmuster halten können, weil zugeschriebene Geschlechtermerkmale vorrangig auf biologische Voraussetzungen zurückzuführen werden können und damit von selbst als „natürlich" und „natürlich ungleich" erscheinen (Hartmann-Tews, 2006, S. 50). Sport dient also als ein Spiegel der Gesellschaft, entwickelt sich im gesellschaftlichen Kontext und wird wie Männlichkeit im hohen Maß sozial bestimmt (Neuber, 2006, S. 131).

Frauen wurden eine lange Zeit aus dem Inklusionsprozess systematisch ausgeschlossen. Dies begründete die Geschlechteranthropologie mit ihrem anatomischen Vergleich und den hieraus abgeleiteten psychischen Eigenschaften der Geschlechter, die die Frauen als defizitäre Wesen erscheinen ließen (Hartmann-Tews, 2006, S. 42). Das Differenzparadigma bei der Beurteilung der sportlichen Leistungsfähigkeit der Frau wurde vor allem von der sportmedizinischen Literatur genutzt. Im Vergleich zum Körper und den körperlichen Fähigkeiten des „starken Geschlechts" wird die Frau nach wie vor als „Mängelwesen" dargestellt, sie gilt als kleiner, schwächer, breithüftiger und kurzatmiger als der Mann. Dabei wurde nicht berücksichtigt, dass der Sport von Männern für Männer entwickelt wurde, nicht zuletzt, um die physischen Stärken des Mannes zu inszenieren (Pfister, 2006, S. 34).

Die Leibesübungen der Knaben wurden in Preußen als notwendiger und unentbehrlicher Bestandteil der Erziehung förmlich anerkannt und bereits 1842 in den höheren Schulen und 20 Jahre später (1862) an den Volksschulen eingeführt. Beim Turnen ging es in erster Linie um Drill und Disziplinierung des Körpers, die „als unsterblicher Schutzgeist unseres Volksheeres", als „unentbehrlicher

Bestandteil des Turnens" und als Voraussetzung zur Förderung der Wehrkraft galten. In den Turnvereinen standen die Übungen an Großgeräten und leichtathletische Übungen im Mittelpunkt, die Mut, Kraft, Geschicklichkeit und Ausdauer, kurz Männlichkeit, produzierten und inszenierten. Der Turnunterricht an höheren Mädchenschulen wurde dagegen erst am Ende des 19. Jahrhunderts obligatorisch eingeführt. Nach der Reichsgründung 1870/71 änderte sich in Deutschland das Alltagsleben und mit dem Modernisierungsprozess kam es zu einer Neudefinition der Geschlechterverhältnisse. Neben der zunehmenden Frauenerwerbstätigkeit und dem Beginn der Spielbewegung 1891 mit dem Import von Spielen aus England, beteiligten sich bald auch Frauen an vielen Sportarten, vom Tennis über das Schwimmen bis zum Skifahren. So befolgten auch Frauen Prinzipien wie Konkurrenz, Überbietung und Rekord, welche männlichen Normen und Verhaltensmustern entsprachen. Männliche Domänen waren und bleiben bis heute zahlreiche Sportarten, wie Boxen, Skispringen bis hin zum Fußball, die Mut, Stärke und Ausdauer voraussetzten und intensive Körperkontakte beinhalteten (Pfister, 2006, S, 29 ff).

In nahezu allen Sportdisziplinen auf Wettkampfebene finden offizielle Trennungen der Geschlechter und damit eine Geschlechterdifferenzierung statt. In einigen Disziplinen werden Frauen oder Männer ausgeschlossen oder es gibt Regeländerungen für die unterschiedlichen Geschlechter. Dadurch wird der Prozess der Geschlechterkonstruktion im Sport auch durch institutionelle Arrangements erhalten (Hartmann-Tews, 2006, S. 42f). Sport ist dazu prädestiniert, die Zugehörigkeit zu einer Geschlechtskategorie hervorzuheben und zu inszenieren. Der leistungs- und wettkampforientierte Sport ist für männliche Jugendliche und Erwachsene zur Herstellung und Demonstration von männlicher Identität geradezu ideal (Alfermann, 2006, S. 73).

Durch die Körperzentriertheit des Sozialsystems Sport wird eine natürliche Ordnung zwischen den Geschlechtern als erwiesen angesehen und immer wieder als Referenzpunkt für die Aktualisierung der sozialen Geschlechterdifferenz und der Legitimierung von Exklusion hervorgebracht. Sport, der überwiegend geschlechtergetrennt betrieben wird, ruft geradezu eine auf den Körper bezogene symbolische Darstellung von Geschlechterstereotypen hervor. Damit dient Sport als machtvolle Reproduktionsstätte traditioneller männlicher Stereotypen (Hartmann-Tews, 2006, S. 50). Der Sport als überwiegende „Männerdomäne" ist daher ein System, das hegemoniale Männlichkeit durch symbolische Darstellung ständig (re-)konstruiert (Kleindienst-Cachay & Heckemeyer, 2006, S. 112).

Die Grundstrukturen des traditionellen Sports mit seiner kompetitiven Ausprägung korrespondiert mit der Männlichkeit in westlichen Industriegesellschafen. Der gesellschaftlich etablierte Leistungssport ist primär männlich und charakterisiert durch Kampf, Einsatz, Risiko und Härte. Es lässt sich mit ihm sehr viel Geld und soziale Anerkennung verdienen. Männlichkeit ist explizit „sportlich" im Sinne von körperlicher Robustheit, Kraft und Durchsetzungsvermögen. Die Meisterschaft ist das Ziel wonach Männer im Sport streben, nicht etwa ein „meisterhafter" Umgang mit sich und seinem Körper, demnach ist Männersport in hohem Maße ein Erfolgssport. Die Effektivität von Bewegungsleistungen soll erhöht, Körperbewegungen und -haltungen instrumentalisiert, zergliedert und formalisiert werden. Der Körper soll so ertüchtigt werden, dass er für sportliche Zwecke optimal belastbar ist. Die Rationalisierung von Körperlichkeit und Bewegung führt bei sportlichen Jungen zu Erfolgen, während weniger sportliche Jungen schon früh stigmatisiert und als „unmännlich" ausgegrenzt werden. Dies geschieht durch Abwertung, Verweiblichung oder im Ignorieren der betreffenden Jungen. Die Entfremdung von ihrem Körper und damit letztlich von sich selbst, ist der Preis den dagegen die sportlichen, erfolgreichen Jungen zahlen müssen.

Wird das leistungssportliches Handeln nicht reflektiert, führt das zu einer Reproduktion traditioneller Muster von Männlichkeit, was sich insbesondere in einem ausgeprägten Überlegenheitsimperativ gegenüber anderen ausdrückt. Diese Tradierung hegemonialer Männlichkeit verhindert zugleich die Entwicklung alternativer Männlichkeitsentwürfe, da der Fokus ausschließlich auf den sportlichen Erfolg gerichtet ist. Bestätigung erhalten Heranwachsende durch das Gewinnen, das nicht selten mit Schmerzen und Härte gegen sich selbst und andere verkauft wird und ein zentrales Mittel der Identitätsdarstellung und – behauptung ist. Dadurch bestehen kaum Anerkennungsräume außerhalb der traditionellen Rollenstereotypen (Neuber, 2006, S. 132f).

3. Fußball als männliche Weltsicht

Fußball ist männlich. Männer spielen Fußball, Männer schauen Fußball, Männer sprechen über Fußball. Seit jeher scheint Männlichkeit der Inbegriff der weltweit beliebten Ballsportart zu sein (Körner, 2014, S. 138) Fußball ist ein Spektakel, das für Männer und durch Männer ausgerichtet wird (Kreisky, 2006, S. 21).

Jedoch ist es nicht nur die physische Dominanz der Männer innerhalb des sozialen Feldes der beliebten Sportart, die Fußball zu einer männlich konnotierten Aktivität macht. Vielmehr sind es die Bedeutungen, die dem Spiel mit dem Ball auf bewusste und unbewusste Weise in den modernen Gesellschaften zugeordnet werden. So wird aufgrund des Alltagswissens der involvierten Subjekte Fußball zu einer Sportart gemacht, welche die traditionellen männlichen Eigenschaften in sich vereint und daher die Männlichkeit ihrer Teilnehmer für alle Beobachter deutlich zu unterstreichen vermag. Im Angesicht der fortschreitenden Emanzipation der Frauen und der Verschiebung der traditionellen Geschlechterverhältnisse in der Moderne scheinen ausschließlich männlich konnotierte Strukturen in diesem Kontext eine Art Rückzugsort der Männer darzustellen, in dem sie sich ihrer Männlichkeit versichern können (Körner, 2014, S. 138).

Die Inszenierung des Fußballrituals erweist sich bislang als spezielle Wirkkraft zur Konservierung von Männlichkeit. Fußball erweist sich auch als höchst ausdrucksstarkes „Realitätsmodell", als Abbild gesellschaftlicher Verhältnisse, sowie politischer Brüche und Transformationen (Kreisky, 2006, S. 24). Klaus Theweleit meint daher, dass, „wer mitbekommt, was sich im Fußball wann und wie verschiebt, … über andere Gesellschaftsbereiche osmotisch informiert [ist]" (Theweleit, 2004, 116).

Der moderne Fußball hat eine ausschließlich männlich konnotierte Struktur, innerhalb welcher sich die traditionelle hegemoniale Männlichkeit vor Modernisierung der Geschlechterverhältnisse zu schützen versucht. Diese Struktur soll in den folgenden Kapiteln aufgezeigt werden.

3.1 Die Geschichte des Fußballs als eine männliche Sportart

Hinsichtlich der Betrachtung des Fußballs als Reproduktionsort von hegemonialer Männlichkeit ist festzuhalten, dass der Entwicklung des Fußballs als rein männlich konnotierte Aktivität keine natürlichen Begebenheiten, wie etwa die Beschaffenheit der Körper der Individuen zu Grunde liegen. Auch hier kann von einem konstruktivistischen Prinzip ausgegangen werden (Bromberger, 2006, S. 41).

Eine historische Betrachtung des Fußballs hilft, die enge Bindung zwischen Fußball und Männlichkeit aufzuzeigen. Spiele sind rituelle Darstellungen dominanter Werte und in ihrer ritualisierten Präsentationsformen werden soziale Strukturen und politische Weltdeutungen abgebildet und bekräftigt. Fußball entstand in China im dritten Jahrtausend als Militärsport, ehe es nach England kam und an Popularität erlangte. Dort hat es als stundenlanges, kaum geregeltes Volksspiel zwischen Dörfern, an denen hunderte Akteure, Männer und Frauen wie Kindern teilnahmen, stattgefunden. Es gab keine Trennung zwischen Zuschauer/-innen und Spieler/-innen, keine Teams und keine Regeln. Entscheidend war nur die Spieltauglichkeit, Ausdauer und Kraft. Das Spiel war fußballähnlich, auch wenn es nicht nur mit dem Fuß gespielt wurde, körperbetonter, wilder und gewalttätiger war. Fußballspiele waren aber keine beliebige Rauferei, vielmehr erwiesen sie sich als eine Form institutionalisierter Gewalt, die gesellschaftliche Spannungen milderte. Es stellte trotz seiner Informalisierung und Regellosigkeit eine kontrollierte Form der Konfliktbewältigung dar. Traditionen und Bräuche bekamen in mittelalterlichen Gesellschaften ähnliche Funktionen wie unsere Gesellschaft heute. Im Verlauf der industriellen Revolution wurde das Fußballspiel nur noch in den exklusiven privaten Public Schools betrieben, in denen es auch eine Regulierung und Formung erhalten hat. Die Geschichte des modernen Fußballs setzte sich 1863 mit der Gründung der Football Association in England fort (Kreisky, 2006, S. 24ff).

Die allgemeine alltagswissenschaftliche Überzeugung, Fußball sei seit jeher ein reiner Männersport und spiegelt daher die Eigenschaften traditioneller Männlichkeit wieder, ist demnach falsch. Durch das Aufzeigen der historischen Entstehung des Fußballs wird deutlich, dass diese Annahme nicht zutrifft und der Verinnerlichung der vergeschlechtlichten Strukturen in der sozialen Ordnung zugeschrieben werden kann (Müller, 2009, S. 25). Der Ausschluss der Frauen aus dem Fußball und die Ausschreibung des Ballspiels als männliche Sportart stellt eine Entwicklung dar, die sich erst im 20. Jahrhundert etablieren konnte (Müller, 2007, S. 115).

Mädchen und Frauen wurden mit der zunehmenden Bedeutung der Geschlechterordnung in den gesellschaftlichen Sphären der Moderne immer stärker auf ihre häuslichen und familiären Pflichten verwiesen und damit einhergehend aus den entstehenden Fußballklubs ausgeschlossen (Müller, 2009, S. 70ff). Nachdem Fußball während und nach dem Ersten Weltkrieg mit dem Schwinden der fußballspielenden jungen Männer in Europa bei den Frauen erneut große Beliebtheit fand, wurde Frauenfußball von den Repräsentanten der Männerfußballklubs als lächerlich und unästhetisch dargestellt, um die Gleichsetzung von Männlichkeit und Fußball sicherstellen zu können. Dies geschah dadurch, dass die weibliche Gebärfunktion in den Vordergrund gestellt wurde, da diese „natürlich" nicht mit den Risiken des Fußballspiels zu vereinbaren waren (Müller, 2007, S. 126). Zu diesem Zeitpunkt und in diesem Zusammenhang wurde Fußball zu einem grundlegenden Aspekt der traditionellen Männlichkeit, der die männlichen Werte und Eigenschaften widerspiegeln sollte.

Der Frauenfußball wurde durch zahlreiche Regelabänderungen, wie beispielsweise die Verkürzung der Spielzeit auf zweimal 30 Minuten und das Verbot der Nutzung von regulären Bällen – sie mussten mit Jugendbällen spielen – geprägt. Somit wurde erreicht, dass Frauenfußball sich nicht mehr mit dem Fußballspiel der Männer vergleichen ließ. Über den Lauf der Jahre wurden viele dieser Änderungen wieder zurückgenommen, jedoch bleibt die Ansicht bestehen, dass es sich um verschieden zu betrachtende Sportarten handelt. So wird dem Frauenfußball beispielsweise die für Männer „typische" und bei ihnen anerkennungswürdige Aggressivität und Kampfsimulation genommen, indem die weibliche Brust symbolisch aufgeladen wird und durch besondere Regelungen geschützt wird. So dürfen Frauen in vielen Verbänden ihre Hände zum Schutz der Brust benutzen. Da die Verwendung der Hand im Fußball tabuisiert ist, wird ein sportlich attraktiver Spielverlauf im Frauenfußball teilweise durch solche Regelungen behindert (Müller, 2007, S. 132).

Der geschichtliche Verlauf zeigt, dass es gesellschaftliche Diskurse und nicht natürliche Begebenheiten waren, die Fußball zu einer männlichen Domäne und einem Ort der hegemonialen Männlichkeit gemacht haben.

3.2 Fußball – ein ernste(n)s Spiel(e) des Wettbewerbs um Männlichkeit

Mit Connells Theorie der hegemonialen Männlichkeit und Bourdieus Metapher der „ernsten Spiele" des Wettbewerbs lässt sich die Verbindung zwischen dem Phänomen Fußball und traditionellen Männlichkeitsvorstellungen aus geschlechtssoziologischer Perspektive erläutern.

Die Anerkennung der legitimen Teilhabe an hegemonialer Männlichkeit, kann nur in „Kämpfen um die männliche Ehre" erlangt werden. Die Beteiligung weiblicher Subjekte ist dabei von vornherein ausgeschlossen (Meuser, 2001, S. 2). Allein die Teilnahme an einem Duell um Männlichkeit stellt so schon einen gewissen Grad an Anerkennung der Männlichkeit des Gegners dar (Meuser, 2007, S. 16).

Innerhalb der „ernsten Spiele" werden die dominanten Werte von Männlichkeit reproduziert und deren normativer Charakter verstärkt. Die kompetitive Struktur in männlich konnotierten Feldern kann daher als Reproduktion hegemonialer Männlichkeit angesehen werden (Kreisky, 2006,24). In modernen Gesellschaften werden beispielsweise das Militär, die Ökonomie und Leistungssportarten als „ernste Spiele des Wettbewerbs" um die Anerkennung der Männlichkeit und somit legitime Teilhabe an den Vorteilen der androzentrischen Geschlechterordnung gesehen (Claus, 2010, S. 197). Das Phänomen Fußball stellt dabei ein besonders imposantes Beispiel der ernsten Spiele dar, welches womöglich eines der letzten Felder ist, in dem traditionelle hegemoniale Männlichkeit hergestellt und reproduziert werden muss, wenn der Mann hier erfolgreich bestehen will.

3.3 Der Erhalt der traditionellen Strukturen

3.3.1 durch Ausschluss des Weiblichen

Die Exklusion aller weiblichen Elemente aus dem Männerfußball stellt einen Schutzmechanismus der hegemonialen Männlichkeit dar (Körner, 2014, S. 145).

Dass man Fußballwettkämpfe extra als Männerfußball ausweist kommt nicht vor. Männerfußball ist eben einfach Fußball. Frauenfußball wird dagegen nicht einfach als Fußball ausgewiesen, es wird geschlechtlich markiert, um das Anderssein nach außen hin sichtbar zu machen (Kreisky, 2006, S. 27).

Dies lässt sich besonders in dem auffälligen Verhalten der Männer gegenüber weiblich konnotierten Dingen beobachten. Das Fußballstadion, die Fußballkneipe, sowie die mit ihm assoziierten Räume wie der Sportplatz stellen besondere Orte dar, an denen die Männer aus gefestigten Machtpositionen heraus die Frauen dominieren (Behn, 2006, S. 46). Die männliche Vorherrschaft im Fußball-Raum, wird im Gegensatz zu anderen öffentlichen Räumen, wie beispielsweise in der Politik in keiner Weise in Frage gestellt. Das Eintreten der Frauen in andere klassisch männlich konnotierte Sphären lässt den Fußball zum Ort der Zuflucht von Männlichkeit werden. Die Führungsränge der Ökonomie oder sogar das Militär sind mittlerweile Frauen-Orte und lässt die um ihre hegemoniale Männlichkeit fürchtenden Subjekte die sozialen Schließungs- und Abwehrmechanismen im Fußball verstärken (Kleindienst-Cachay, 2006, S. 114). Würde den Frauen auch der Einzug in die klassische Männerdomäne gelingen, so könnte Fußball nicht mehr als Ort der Anerkennung von Männlichkeit gelten, da dieser nur durch die „ernsten Spiele des Wettbewerbs" unter Männern gesichert werden kann. Die habituelle Sicherheit der hegemonialen Männlichkeit könnte nicht mehr ohne Einschränkungen vermittelt und reproduziert werden, da sie nicht mit der Forderung von Gleichheit und Gleichberechtigung kompatibel ist (Meuser, 2001, S. 17). Daher werden die Frauen nach außen gedrängt und können lediglich aus einer distanzierten Zuschauerinnenrolle die traditionelle Männlichkeit der in das Fußballspiel Involvierten bewundern und den Männern so als „schmeichelnder Spiegel" (Meuser, 2007, S. 14) dienen, der ihre männliche Vorherrschaft bestätigt und verstärkt.

Eine gleichberechtigte Teilnahme der Frauen am Fußball ist ausgeschlossen, sie haben zwar das Recht Fußball zu spielen, jedoch geschieht dies nicht unter gleichberechtigten gesellschaftlichen Bedingungen. So findet bereits auf der sprachlichen Ebene eine klare Differenzierung statt, indem von Fußball und Frauenfußball gesprochen wird. Im Gegensatz zu anderen Sportarten kann auf eine sprachliche Geschlechtsattribution immer dann verzichtet werden, wenn von Fußball gesprochen wird, der von Männern gespielt wird. Handelt es sich allerdings um weibliche Spielerinnen, dann muss explizit darauf hingewiesen werden, dass es nicht um „normalen" Fußball, sondern um Frauenfußball geht (Kreisky, 2006, S. 114). Diese weibliche Form wird genutzt und die Andersartigkeit des weiblichen Fußballs deutlich zu markieren, um Fußball als ein Feld der Anerkennung von traditioneller Männlichkeit wahren zu können (Jösting, 2005, S. 253).

Auch heute stellt Frauenfußball noch immer eine von den Männern belächelte andersartige Form des Fußballs dar, welche - nach ihrer Meinung - nicht mit der männlichen Spielführung verglichen werden kann. Was auch zu einem Verbot von gemischtgeschlechtlichen Spielen im vereinsmäßig organisierten Fußball führte und als einen von Männern konstruierten Schutz für die Frauen gelten soll. Daher gibt es keinen gemeinsamen Veranstaltungsrahmen, in dem zusammen Frauen- und Männerfußball gespielt werden könnte. In vielen anderen Sportarten stellt dies dagegen inzwischen eine langjährige Praxis dar (Müller, 2009, S. 13).

Durch solche Verbote und auch durch einige Regeländerungen, welche die Spielweise im Frauenfußball einschränken, wird eine Inkommensurabilität der beiden Spielformen konstruiert, die weibliche Spielerinnen als Konkurrenten der Männer von vornherein ausschließen (Müller, 2009, S. 299ff). So würden die

Männer laut Degele und Janz argumentieren, dass „Frauen … Männern körperlich unterlegen [seien], und dies schlage sich in geringerer Schnelligkeit, weniger Kraft, einem schwächeren Schuss, schlechterem Zweikampfverhalten, kurz:
weniger Athletik nieder" (Degele&Janz, 2011, S. 11). Die stereotypisierten An-
nahmen des Alltagslebens werden zu Zugangsmechanismen geformt, welche das
gesellschaftlich konstruierte Geschlechterverhältnis reproduziert und dieses als
eine natürliche Begebenheit erscheinen lässt. Die hegemoniale Männlichkeit innerhalb der Struktur wird verteidigt, indem Frauen der Zugang zum traditionellen, wahren Fußballspiel verweigert wird. Die Unterordnung der Weiblichkeit
ist nur ein Teil, wie die traditionelle hegemoniale Männlichkeit im Fußball ge-
stärkt wird, ein weiterer geschieht durch die Marginalisierung alternativer
Männlichkeiten.

3.3.2 durch Ausschluss von marginalisierten Männlichkeiten

Die Heterosexualität ist einer der zentralen Aspekte traditioneller hegemonialer
Männlichkeit und geht einher mit der Marginalisierung und Unterdrückung von
Homosexualität. In den traditionell männlich konnotierten sozialen Feldern werden nicht nur Frauen, sondern auch alternativen Männlichkeiten der Zugang
verwehrt. Marginalisierte Männlichkeiten, zu denen unter anderem auch eine
homosexuelle Orientierung gehört, werden zum „ernsten Spiel" um Männlichkeit nicht zugelassen, da sie nicht „als ein Rivale im Kampf um die Ehre akzeptiert werden [können]" (Meuser, 2001, S. 22).

Durch die Zurschaustellung traditioneller Männlichkeit und dem Erhalt entsprechender Anerkennung wird Homosexualität offen abgelehnt und abgewertet.
Homophobie wird zum Beispiel als Bestandteil der fußballinternen Beschimp-
fungslogik und Taktik zur Erniedrigung des Gegners genutzt, die Abwertung der
Männlichkeit des Gegners wird in einem männlich konnotierten Raum zu einer
der wirkungsvollsten Strategien (Behn, 2006, S. 46).

Jegliche homoerotische Auslegung des Verhaltens der eigenen Spieler wird
strikt tabuisiert, auch wenn die Spieler des Gegners des Öfteren als „schwul"
und schwach deklariert werden (Heilmann, 2010, S. 4). Die Anerkennung der
fußballerischen Leistung scheint allein in Verbindung mit der Bestätigung einer
nicht marginalisierten Form der Männlichkeit möglich zu sein. Dies bejaht und
verstärkt die Strukturen des Fußballs als eine Institution traditioneller männlicher Hegemonie (Bergmann & Moos, 2007, S. 39).

Die Vielgestaltigkeit postfordistischer Männlichkeitsbilder veranschaulicht, dass
Männer sich doppelt abzugrenzen trachten: einmal gegenüber der sozialen

Gruppe der Frau, dann aber auch gegenüber der Vielfalt anderer Männer. Diese männliche Vielfalt wird kaum als abwechslungsreiches Angebot wahrgenommen, vielmehr wird sie als potentielle Bedrohung des eigenen prekär scheinenden sozialen Status erlebt. Also werden diese unterschiedlichen Männlichkeiten rigide zu einer starren Hierarchie sortiert und dementsprechend bewertet. Im Sozialen Feld des Fußballs äußert sich dieses Abgrenzungsbedürfnis in nationalem Chauvinismus, in Rassismus, in Sexismus und in Homophobie (Kreisky, 2006, S. 31). Über die spezielle Rolle von Homosexualität und Homophobie im Fußball wird später detailliert eingegangen.

3.4 Männlichkeit im Stadion und in der Kabine

Obwohl zunehmend mehr Frauen im Stadion und vor den Fernsehgeräten als Zuschauerinnen präsent sind, bleibt Fußball eine Männerdomäne (Sülzle, 2005a S. 185). Fußball gilt als „Inbegriff des Männlichen" (Brändle & Koller, 2002, S. 207), sowohl im Stadion, als auch in der Kabine.

> „Vor allem im Fußball wird ein Männlichkeitsklischee gepflegt, in dem Schwäche oft als „mädchenhaft" oder „weibisch" verurteilt wird. Das maskuline Gehabe zeigt sich nicht nur auf dem Platz, wo der Kampf der Körper ausgetragen wird, sondern auch in der Kabine, wo Potenz auch durch deftige Frotzeleien zur Schau gestellt wird. Allein unter jungen Machos, hat Sebastian Deisler eine solche herablassende Art in München zu spüren bekommen. Nachdem er sich zu seinen Depressionen bekannt hatte, wurde er von Kollegen gewissermaßen entmannt und als „Deislerin" tituliert." (Eder & Klemm, 2009)

3.4.1 Die maskuline Sprache des Fußballs

Fußball ist eine Welt, mit archaischen Momenten und Ritualen, die konserviert wurden in einer Welt, in der es kaum noch legitime Räume für Leid oder auch positive Gemütsbewegungen gibt. Gefühle sind in einer patriarchalen Ordnung tabu, Männlichkeit konstruiert sich in ein Geschlecht ohne Emotionen. Ihnen wird nur zugestanden leistungs- und konkurrenzgerechte Emotionen oder gar nur destruktiver Gefühle auszuleben.

Auf dem Fußballplatz sind positive wie negative Emotionen erlaubt, Männer dürfen dort weinen, toben und wild um sich schlagen. Fußball stellt ein Reservat männlicher Leidenschaft dar und erklärt die Beständigkeit des Phänomens Fußball in einer Welt, mit schwindenden Gefühlen. Dies sind freilich zumeist Gefühlslagen, die weiblich konnotierter Gefühlsarbeit sehr nahe kommen. Diese gesellschaftlichen Gefühlsentwicklungen bedürfen ein Gegengewicht, der Fußball als männerbündisches Reservat, das noch echte männliche Leidenschaft zulässt.

Durch den expliziten oder auch nur impliziten Ausschluss von Frauen, werden Männerbünde definiert. Sie dienen der Konservierung männlicher Vorherrschaft, inszenieren sich als hochgradig maskulinistische Wertegemeinschaften, die emotional, affektiv und teilweise (homo-)erotisch sein können. Die Struktur, die Männerbünde aufweisen, ist in der Spannungszone zwischen heroischer Führung und loyaler Gefolgschaft gebildet, wodurch Zuordnung und soziale Orientierung für die einzelnen Männer klar ersichtlich sind. Männerbünde versuchen sich den modernen soziale Normen zu entsklaven und pflegen: Treue, Ehre, Kameradschaft, Gefolgschaft, Gehorsam, Unterwerfung. Das Geheimnisvolle umgibt diese männerbündische Welt, Initiationsriten, Zeremonien und Sprachformeln verbinden und produzieren Feindbilder. Männerbünde werden durch planmäßige Anordnung der Konkurrenz zwischen unterschiedlichen Männlichkeitsentwürfen und demenentsprechend angeordneten hierarchische Strukturen bestimmt.

Soziale Gegensätze werden zwischen Männern aufgelöst. Merkmale des Männerbündnisses finden sich in der Organisation des Fußballspiels sowie in der Kultur der Fußballfans wieder. Der Fußballplatz repräsentiert einen sozialen Ort, an dem Klassenunterschiede zwischen Männern aufgehoben scheinen und stellt eine besondere Form männlicher Vergemeinschaftung dar. Dies geschieht nicht nur zwischen Spielern und Fans, sondern auch zwischen Männern unterschiedlicher sozialen Schichten und Altersgruppen auf den Zuschauertribünen.

Ein Kennzeichen des Männerbündischen ist die deutliche Sprache möglicher Ausgrenzung, nach innen wie nach außen. Es gibt ein „Wir" und es gibt „die Anderen". Das Geschlecht (Frau), die Sexualität (Schwule), aber auch auf ethnische Besonderheiten oder lokale und nationale Identität können „die Anderen" bezeichnen. Frauenfeindlichkeit, Sexismus und Homophobie sind fixer Teil der Fußballplatzkultur. Obwohl Homoerotik wahrgenommen und auch tolerierten wird, da sich Männer im Fußball berühren, umarmen und übereinander herfallen dürfen, gibt es in der dominierenden traditionellen Männlichkeitsvorstellungen der Fußballspieler und Fans kaum Toleranz für Homosexuelle. Politiker und Prominente tummeln sich auf den Tribünen der Stadien und stehen hinter der vermeintlichen Verteidigung der nationalen Ehre auf dem Spielfeld. Es ist eine neue Vergemeinschaftung, Fußball wird zum nützlichen Surrogat.

Männliche Politiker nehmen gerne auf den Bildern gefeierten Sporthelden Platz und gebrauchen sich dessen Sprache. Männliche Überlegenheit und Härte speist sich in modernen Gesellschaften auch aus dem Universum des Sports. Sportmetaphern in der Politik sind verbale oder nonverbale Codes die frauenexklusiv wirken, weil sie von den meisten Männern verstanden werden und dadurch verbindet und vergemeinschaftet. Die Politik nutzt den sozialen Ort Fußballplatz, einem Ort der vorwiegend für Männer ist, um sich als ganz normale Männer zu geben, die wie andere Männer auch auf den Fußballplatz gehen, um das männliche Zusammengehörigkeitsgefühl zu illusionieren, dass die politische Klasse zum „Wir" und nicht zu „den Anderen" gehört. Fußballplätze und Politik haben auffällig viel gemeinsam: es gibt natürliche Gegner oder es werden während oder aber auch nach dem Spiel Gegner beliebig konstruiert. Die Verhaltenscodes des Fußballplatzes mutieren unsichtbar zur Politiknorm. Einige Politiker nutzen die soziale Sphäre des Sports, um sich der sozialen Gruppe der Männer verständlich zu machen und ihrer sicher zu sein.

Die Fußballfankulturen nutzen Einstellungen und Verhaltensweisen, die stark an das Militär oder dem kriegerischen erinnern: Schießen, Gegner, Angriff, Kampf, Stärke, Hingabe, Treue, Kameradschaft. Die kriegerischen Anordnung und patriotischen Funktionen des Fußballspiels, simulieren kriegerisches, das in ritualisierten Bahnen verläuft und als Dienst am Vaterland aufgefasst wird. Sieg und Niederlage des Vereins oder der Nation versetzen die Fans in Glücks- und Unglückszustände. Sie feiern oder trauern nach geschlagener Schlacht mit ihren Helden und identifizieren sich mit ihnen. Fantrikots, Gesänge, Fahnen, Trommeln und sonstiges Spektakel dienen der kollektiven Identität und Abgrenzung gegen Feinde bzw. gegnerischen Fangruppen und werden körperlich dargestellt. Die Spiele zwischen Teams folgen den Ritualen eines Scheinkrieges und die Fangruppen sind die Gruppen, die ihre Aggression und Gewalt demonstrativ zur Schau stellen.

Die Leidenschaft der Fans ist primär auf mehr oder minder abstrakte Kollektive gerichtet, auf den Verein oder auf die Nation. Der echte Fan ist immer für seinen Verein da, dafür fordert er als Gegenleistung, den Einsatz und Kampfeswillen der Mannschaft. Die Spieler sollen alles geben, mit der gleichen Leidenschaft wie der Fan an das Fußballspiel geht. Hier findet sogar eine Geschlechterneutralisierung in der extrem maskulinistischen Fundierung der Fankultur statt: Wer die Ideale und Rieten teilt, gilt als ein echter Fan, egal ob er ein Mann oder eine Frau ist. Jedoch fallen unter die Kategorie echter Fans nur Männer und Frauen, die Männer gleichen. Andere weibliche Fans auf dem Fußballplatz nehmen nur die Rolle der Begleiterin ein (Kreisky, 2006).

3.4.2 Männlichkeit der Fankultur

Dass der Fußball ein popularkulturelles Phänomen ist, wird heute einerseits vor Ort, d.h. im Stadion und auf dem Fußallplatz sichtbar und anderseits medial vermittelt. Hinzu kommen diverse Diskurse, beginnend vom Montagsgespräch am Arbeitsplatz bis zum wissenschaftlichen Symposion über ihn. Nach wie vor sind diese in erster Linie männlich kodiert. Das männliche Bild vom Fußball wird dadurch abgerundet, dass die Produktion des Spieles in männlicher Hand bleibt und Verbands-, Vereins- oder TV-Entscheidungsträger meist Männer sind.

Dass der Fußball eine männliche Bastion ist, zeigt sich auch beim Geschehen vor Ort, bei der Zusammensetzung des Stadionpublikums und den Fußballinteressierten.

Der ÖFB (Österreichischer Fußballbund) ließ im Herbst 1987 eine Studie über das Fußballinteresse der Österreicher und Österreicherinnen erstellen und als eines der zentralen Ergebnisse wurde ermittelt, dass 14 Prozent der Bevölkerung des Landes „sehr", 27 Prozent „etwas" und 59 Prozent gar nicht an Fußball interessiert seien. Interessant ist dabei die Geschlechterdifferenzierung: bei den weiblichen Befragten dominiert das Desinteresse (4 Prozent „sehr", 20 Prozent „etwas", 76 Prozent gar nicht interessiert), während die Mehrheit der Männer am Fußball interessiert ist (26 Prozent „sehr", 35 Prozent „etwas", 39 Prozent „gar nicht").

Auch die Ergebnisse in Studien vom DFB (Deutschen Fußballbund) und einer Schweizer Studie, entsprachen dem gleichen Eindruck, was die Interessensbilder der Geschlechter entsprachen. Dass Frauen überhaupt in den Umfragen vorkamen ist bemerkenswert, da sie keine bzw. marginale Erwähnungen in einer schweizerischen und in einer bundesdeutschen Untersuchung, die kurz zuvor veröffentlicht worden waren bekamen (GfK, 1985 & Publitest, 1985).

Die GfK (Gesellschaft für Konsumforschung) Freizeit- und Tourismusforschung hat im Auftrag des DFB eine mehrstufige Untersuchung zum deutschen Profifußball durchgeführt. Dabei wurden fußballinteressierte Personen befragt, die je nach Häufigkeit des angegebenen Stadionbesuches den Subgruppen „Extensiv"- bzw. „Intensivbesucher" sind oder „Abspringer", wenn sie zwei Jahre vor der Untersuchung noch Profifußballspiele besucht hatten. Dabei lag der Frauenanteil bei den Intensivbesuchern bei 12 Prozent, bei den Extensivbesuchern bei 18 Prozent und bei den Abspringern bei 22 Prozent (GfK, 1985).

Die Schweizer Studie stellt eine repräsentative Untersuchung bei männlichen Fußballfans und Männern da, die Freude am Fußball haben (Publitest, 1985). Die bevölkerungsrepräsentative Stichprobe ergab, dass sich 10 Prozent der Frauen als „Fußballfans" bezeichneten und weitere 37 Prozent etwas Interesse an Fußball zeigten. Die interessierten Frauen wurden anschließend als die Freundin/Frau des Fußballinteressierten aufgeführt und nicht als Fußballfans. Als solche durften sie dann zu ihren Fußballgewohnheiten und zu ihrer Haltung, was die Zuschauerpraxis ihres Mannes/Freundes anging, antworten. Demnach schaut jede 4. Frau der Fußball-Fans am Fernsehen häufig Fußball und über drei Viertel verfolgen zumindest gelegentlich am Fernsehen ein Fußballspiel und nur wenige besuchen Fußballspiele. Weiter stellte die Studie fest, dass fast keine Frau der Fußball-Anhänger etwas dagegen hat, wenn ihr Mann zum Fußballspiel geht oder Fußball am Fernsehen verfolgt (Publitest, 1985).

Die Studien erfüllen einen durchaus konkreten Zweck: ihre Aufraggeber aus den Ligen und Verbänden interessierten sich für die Beschaffenheit ihrer (potentiellen und aktuellen) Klienten sowie für deren Bedürfnisse und Interessen. Es ging um das Ausloten der Möglichkeiten eines Zuwachses an Fußballinteressierten, wobei in den 1990er Jahren in den europäischen Diskussionen das Wachstumspotential bei weiblichen Zuschauerinnen beschworen wurde. Seither ist das Fraueninteresse an Fußball tatsächlich leicht gestiegen. Das allgemeine Fußballinteresse war 2011 bei Frauen laut einer Umfrage der Österreichischen Bundesliga (2001, S. 2) inzwischen bei 34 Prozent (gegenüber 66 Prozent bei den Männern) angelangt (Horak, 2006, S. 115).

Auch andere Studien zeigen ein allgemein stärkeres Fußballinteresse von Männern. In den angesprochenen, früheren österreichischen Untersuchungen zeigt sich an mehreren Indikatoren, dass Männer über einen größeren Fußballfernsehkonsum verfügen, öfter den Sportteil der Tageszeitung lesen, eher Anhänger eines bestimmten Vereines waren und verfügten über größere Fußballkundigkeit. Dass Fußball eine Männerbastion ist, zeigt sich auch an den besuchten Spielen, so taten sie dies mehrheitlich in Gesellschaft von Freunden, Arbeitskollegen oder Bekannten, manchmal auch alleine, während Frauen laut den Studien nicht alleine ins Stadion gingen. Sie besuchten vornehmlich in Begleitung des Ehepartners oder Freundes bzw. mit der Familie das Stadion (OGM, 1992). Während einer Untersuchungszeitspanne von ca. einem Jahr, hat die Hälfte bis zwei Drittel der fußballinteressierten Frauen kein einziges Spiel besucht. Bei den

Männern galt das nur für ein Drittel, die meisten von ihnen (1987: 45 Prozent, 1992: 43 Prozent) hatten im Untersuchungszeitraum bis zu 10 mal ein Spiel live erlebt, 16 Prozent (1987) bzw. 14 Prozent (1992) sahen zwanzig Spiele und mehr. Bei den Frauen waren es 1987 bloß 5 Prozent, die zwanzig Spiele und mehr besucht hatten, jedoch befanden sich fünf Jahre später doppelt so viele in besagter Kategorie (OGM, 1992).

Aktuelle Zahlen vom Statistischen Bundesamt zeigen, dass sich das Interesse an Fußball in der Bevölkerung der Bundesrepublik Deutschland von 2012 mit 24,53 Prozent, die sehr interessiert, 20,99 Prozent, die interessiert und 24,04 Prozent, die kaum bzw. gar nicht an Fußball interessiert sind bis 2016 mit 24,20 Prozent, die sehr interessiert, 20,86 Prozent, die interessiert und 23,92 Prozent kaum bzw. gar nicht an Fußball interessiert sind, kaum geändert hat (Statista, 2016). Wobei 2011 bei den Männer 56 Prozent und 16 Prozent der Frauen sehr interessiert, 26 Prozent der Männer und 34 Prozent der Frauen interessiert und 18 Prozent der Männer und 49 Prozent der Frauen kaum bzw. gar nicht an Fußball interessiert sind. Damit waren 2011 insgesamt 72 Prozent der Männer und immerhin 50 Prozent der Frauen an Fußball interessiert, was einen deutlichen Interessenszuwachs bei den Frauen darstellt (Statista, 2011).

Fußball ist demnach kein exklusiver Ort für Männer, aber Fußball ist (hier und heute) ein Ort der Männlichkeit, ein männlicher Raum. Dies gilt auch für die Fußballfankultur, denn die Fankultur folgt einer männlichen Grammatik und ist überwiegend frauenfeindlich (Sülzle, 2011, S. 343).

Die Fankultur ist eine Sonderwelt, die dazu dient, den Alltag und den Ernst des Lebens zu vergessen, gemeinsam zu feiern, zu trinken, sich auszutoben und Spaß zu haben. Es bedeutet aber auch mit dem Verein und der Mannschaft zu leiden, es sich zu Herzen zu nehmen, wenn die Mannschaft gewinnt oder verliert und dies reicht weit in den Alltag hinein. Ein Hauptmerkmal der Fankultur ist ihr männlich-proletarischer Stil, der selbstbewusst und provokativ gepflegt wird. Die Fanmännlichkeit beinhaltet Ideale und Zuschreibungen, die sie zu einer genau auf die Fußballfankultur zugeschnittenen Männlichkeit macht. Tiefe Gefühle wie ewige Liebe zum Verein, Leid und Treue zeichnet die Männlichkeit im Fanblock aus. So gelten Offenheit, Direktheit, Härte und Standfestigkeit als männliche Eigenschaften. Ein Mann ist laut, aggressiv, trinkfest, sexistisch und schwulenfeindlich und will mit allen Mitteln die Ehre des Vereins verteidigen. So gilt die kameradschaftliche und fürsorgliche Gemeinschaft unter Fans sowie ihr sehr körperlicher Umgang untereinander ebenfalls als typisch männlich. Dieses Männlichkeitsbild wird von den Fans als proletarische Männlichkeit deklariert, die zugleich als natürlicher Kern aller Männlichkeiten gilt, eine Ur-Männlichkeit, die im Fanblock beheimatet ist. Das Wissen darum, dass es sich bei diesem Ideal um eine Hyper-Macho-Inszenierung handelt, die in anderen Bereichen der Gesellschaft wenig Anerkennung findet, ist ein Teil dieses fantypischen Männlichkeitsbild. Dieses Inszenierung bezieht ihre Legitimation daraus, dass sie sich als bewusste Aufführung eines als wahrhaftig angenommenen Kernes echter Männlichkeit versteht (Sülzle, 2011, S. 348f).

Die Fankultur funktioniert nach den Regeln einer kulturellen Grammatik, die viele explizit auf Männlichkeit zielende Regeln besitzt. Diese männliche Grammatik sorgt für den Rahmen, innerhalb dessen die Praxen gelebt werden, mit denen die Männlichkeit im Fanblock hergestellt wird und zwar von Männern und von Frauen. So gilt die Gleichung, dass Fußball männlich ist. Obwohl es historisch belegt anders ist, ist die Behauptung, Fußball und Fankultur seien schon immer proletarisch-männlich gewesen und würden es auch in Zukunft bleiben, im gesamten Fußballkosmos ein selbstverständlicher Grundsatz. So wird der männliche Raum der Fankultur über Abgrenzungen zu allem, was als weiblich und zu allem, was als schwul angesehen wird, definiert. Dies zeigt sich darin, dass Frauenfußball zu einem anderen Spiel erklärt, das zwar attraktiv, aber eben kein Fußball ist. So kommt es auch zum Klischee der männerorientierten Begleiterin, dass Frauen unterstellt wird, nicht aus Begeisterung zum Fußball zu gehen. So werden Frauen aus der Menge der Fans, zumindest aus der Gruppe der echten Fans, hinausdefiniert, wie dies auch in den vorausgegangenen Studien passiert ist. Frauen im Stadion werden zu einer Begleiterscheinung und zum Randphänomen erklärt, wodurch die Fußballfankultur trotz der Frauen männlich bleiben und sich weiterhin als frauenfreier Raum verstehen kann.

Die ernsten Spiele des Wettbewerbs bestreiten ebenfalls die Männer. Ritualisierte Rivalitäten sind ein wichtiges Element der Fankultur, so werden im Wettkampf unter Männern die männliche Gemeinschaft und die männliche Ehre hergestellt. Die ernsten Spiele sind eine Strukturübung, in der spielerisch der männliche Habitus eingeübt wird. Männer erfahren dort wie die Spielregeln funktionieren und lernen zugleich den Wettbewerb als solchen zu lieben. Fußball stiftet Gemeinschaft unter Männern über alle Unterschiede hinweg und macht alle diejenigen, die nicht ausgeschlossen wurden, erst zu richtigen Männern. Geschlechtszuschreibungen sind Hierarchisierungen. Alles was innerhalb der Fankultur männlich konnotiert ist, gilt zugleich als höherwertig, während alles was mit Weiblichkeit in Verbindung steht, ist aus Sicht der Fans abzulehnen. Diese Hierarchisierung nach Geschlecht führt zur Klassifizierung, dass Weiblichkeit als Beleidigung fungiert, etwa indem eine schlechte Mannschaft als Mädchenmannschaft beschimpft wird. Auch sexualisierende Beleidigungen gegen Frauen sind ein wichtiger Teil dieser Abwertung alles Weiblichen und dienen der männlichen Vergemeinschaftung. So zeigt sich die Hierarchisierung auch in den Geschlechterklischees im Fanraum.

Der Blick auf die männliche Grammatik der Fußballfankultur offenbart eine scharfe Trennung nach Geschlecht, rigide Ausschlussmechanismen und Abwertungen gegenüber Frauen, beziehungsweise Weiblichkeit, sowie eine nicht zu übersehende Betonung der Bedeutung von Männlichkeit (und von männlicher Überlegenheit) für das Geschehen. Wenn es die Aufgabe einer männlichen Grammatik ist, die Zweigeschlechtlichkeit und die männliche Überlegenheit zu konstruieren und zu naturalisieren, so scheinen die Regeln der Fankultur ihren Zweck auf den ersten Blick optimal zu erfüllen. Betritt man jedoch einen Fanblock mit offenen Augen, so zeigt sich schnell, dass Fußball als männlicher Raum die Präsenz von Frauen nicht kategorisch ausschließt oder gar verbietet. Vielmehr deuten bereits die vielen abwehrenden und abwertenden Klischeevorstellungen, sowie die vielen Regeln auf weibliche Anwesenheit hin (Sülzle, 2011).

3.4.3 Frauen im Stadion

Die Vielfalt der Fans ist ein Teil des Charmes des Stadionfußballes, so kommen an diesem Ort unterschiedliche Menschen aus unterschiedlichen Schichten zusammen, die alle nur ihre Mannschaft siegen sehen wollen. Der Arbeiter und der Geschäftsmann, der Händler von nebenan, der Direktor auf der VIP-Tribüne und der Nachbar. Dann gibt es da noch die vielen Frauen, die auch nur eins wollen: dass ihre Mannschaft gewinnt. Genau wie die vielen Männer um sie herum sind sie unterschiedlich in ihrem Fan sein (Selmer & Sülzle, 2006, S. 123).

Wenn Frauen den Weg ins Stadion gefunden haben, sich für die Fankultur begeistern und einen Platz einnehmen wollen, müssen sie sich mit der dort vorhandenen männlichen Dominanz arrangieren. Indem sie verstehen wie die männliche Grammatik des Fanblocks funktioniert. Die Anerkennung der Männer als Fan innerhalb einer Männerdomäne zu bekommen, ist für weibliche Fans besonders erstrebenswert, gerade weil es ein hartes Pflaster ist, auf dem sie sich diese Anerkennung erarbeiten. Fußball wird von den Frauen als Männerdomäne anerkannt und auch als solche für gut befunden, sie stützen und schützen dieses Image. Daraus ergibt sich eine Gleichzeitigkeit von Anerkennung der Frauen durch die Männerwelt und Anerkennung der Männerwelt als solche durch die Frauen (Sülzle, 2011 S. 298).

Der männliche Raum der Fankultur wird von Männern und Frauen gemeinsam hergestellt. Auch für Frauen gehört es dazu, die Tradition hochzuhalten und die Behauptung zu vertreten, Fußball sei schon immer männlich gewesen und werde es auch immer sein. Ausschlüsse und Abwertungen sind Teil dieser Männerwelt, dieser Sexismus erschwert Frauen den Zugang und erfordert einen entsprechenden Umgang, indem sie die Situation verharmlosen, ignorieren, belächeln oder bekämpfen. Die ernsten Spiele der Männlichkeit sind in der Fankultur ständig präsent. Unter Einhaltung der männlichen Regeln können sich in einigen Bereichen auch Frauen an diesen Spielen beteiligen, durch verteidigen der Fanehre, wohingegen sie von anderen Teilen, wie gewalttätige Auseinandersetzungen ausgeschlossen sind.

Die Fanideale und die Männlichkeitsideale der Fankultur führen zu einer Vermännlichung der Fankultur und dazu, dass Männer bessere Chancen haben, die Fanideale zu erfüllen, da sie den männlichen Habitus mitbringen. Das bedeutet aber nicht, dass die Chancen für alle Frauen schlecht stehen. Dort wo es Überlappungen gibt zwischen Fan- und Männlichkeitsidealen, ist für Frauen auch eine Teilnahme: Sie können laut sein, emotional engagiert und provokativ. Sie können gut darin sein und Spaß daran haben. Der männliche Ruch dieser Aktivitäten muss dabei nicht einmal störend für sie sein und auch kein Grund, ihnen die Anerkennung für ihr Fan-Engagement und ihre Teilhabe an der Fankultur zu versagen. Sie erkennen Fußball als Männerwelt an und sie erarbeiten sich die Anerkennung als echte Fans innerhalb dieser Männerwelt, auch indem sie sich stolz und selbstbewusst männliche Attribute und Verhaltensweisen aneignen. Die Männlichkeit der Fankultur gibt Frauen einen Ort, an dem sie sich eine Auszeit vom weiblichen Habitus nehmen können, denn das fankulturelle Kapital wird nicht am Körper und auch nicht am Geschlechtskörper festgemacht. Frauen müssen sich in der Fanszene nicht über ihren Körper darstellen. Weder erotische Ausstrahlung noch stilsichere Kleidung sind der Weg zur Anerkennung innerhalb des Fanblocks, es zählen die inneren Werte: Treue, Begeisterung, emotionales und auch körperliches Engagement. In der Fanszene können Frauen zeitweise physisch und psychisch die Erfahrung machen, keine Sexualobjekte zu sein und sich auch innerhalb einer aggressiven und potenziell gewalttätigen Umgebung selbstsicher zu bewegen. Sobald Frauen als echte Fans auftreten und Anerkennung finden, gehört die Fanszene, gehören die Fanideale und damit auch die Fanmännlichkeit nicht mehr den Männern alleine.

Allerdings bleibt ihre Erkennbarkeit als Frau und auch die Außenseiterposition, die sie dadurch einnehmen, immer existent, was mal mehr und mal weniger wichtig ist und manchmal auch gar keine Rolle spielt. Die Situation weiblicher Fans ist deshalb prekär, sie müssen immer wieder neu beweisen, dass sie echte Fans sind, denn sie stehen fortwährend unter dem Generalverdacht nur Begleiterinnen zu sein. Das Ringen um Akzeptanz als weiblicher Fan innerhalb der männlichen Fanszene ist eine Gratwanderung. Einerseits will die Frau dort mit größerer Selbstverständlichkeit in ihrem Frauenkörper auftreten können, einen moderateren Umgangston und weniger Sexismus und Rassismus, andererseits genießen sie es, sich innerhalb dieser harten Umgebung Anerkennung erkämpft zu haben. Es ist also ein schmaler Grat, auf dem der weibliche Fan balanciert. Eine falsche Bewegung und sie könnte in die Sexismusfalle tappen und zum Sexualobjekt degradiert werden, statt Anerkennung als Fan zu bekommen. Auf der anderen Seite lauert die Gefahr, als Mannsweib zu gelten und damit auf einen Schlag jegliche Akzeptanz in der Fanszene zu verlieren.

Frauen im Stadion sind Fußballfans, die den Umgang mit Männern und Männlichkeiten recht gut beherrschen. Ihre Sonderrolle verschafft ihnen Freiräume und Einblicke, die sie außerhalb des Platzes nicht haben. Sie leiden unter dem sexistischen Männlichkeitswahn, stützen ihn aber auch, sie sind gleichzeitig Konstrukteurinnen und Opfer der hierarchisierenden Geschlechterdichotomie. Letztendlich sind sie eingebunden in ein System von Über- und Unterordnungen, das nicht nur den männlichen Raum des Fanblocks, sondern auch, gesamtgesellschaftlich betrachtet, die hegemoniale Männlichkeit hervorbringt und bestätigt (Sülzle, 2011).

3.4.4 Männlichkeit in der Kabine

Die Männlichkeit in der Fußballkabine zeigt sich vor allem im Amateurfußball in der Rolle des Duschraums wieder. In vielen Bezirkssportanlagen mit vier oder fünf Fußballplätzen, drängen sich an Spieltagen um die hundert Männer in einem Raum mit wenigen Duschen. Die Eindrücke und Emotionen des Spiels, Schmerzen, Beleidigungen und Rivalitäten liegen noch in der Luft, gepaart mit Schweiß und dem Duft nach Gras und Schlamm. Durch die fehlenden Trikots und der Nacktheit im Duschraum ist es schwer den Gegner von eben zu erkennen, sodass der Duschraum etwas Friedliches hat. Der Vergleich mit dem Geschlecht von Mit- und Gegenspielerin gehört zum Duschen, auch wenn das Gespräch darüber die Ausnahme bleibt. Der Mythos vom mächtigen Geschlecht, des dunklen Mannes gibt es auch im Fußball (Walter, 2006, S. 103). Lothar

Matthäus soll gegenüber einer Gruppe Berliner Basketballspielerinnen den Satz: „Hey, unser Schwarzer hat son'n Langen!" gefallen lassen haben. Mit diesen Worten und entsprechender Geste zeigte er auf das Geschlechtsteil seines Bayern-Mitspielers Adolfo Valencia aus Kolumbien (Rosentritt, 2000).

Die sexualisierte Atmosphäre in Duschraum und Kabine kommt meist in Gestalt von sexistischen Witzen oder Anspielungen zur Sprache. So bleibt das klischeehafte Fallen der Seife selten unkommentiert. Schließlich muss man sich bücken um sie wieder aufzuheben und zeigt sein Gesäß, was als schwul gilt und ist wie bei den Profis ein Tabu. Im Männerfußball ist schwul ein Schimpfwort: ein zu leicht gespielter Pass ist ein schwuler Pass, wird beim Zweikampf gezögert, ist es ein schwuler Zweikampf. Haben die Spieler keine Frauen an ihrer Seite, nicht mal zur Vereinsfeier, gilt das als ein erster Hinweis auf Homosexualität. Die Abwesenheit geouteter Schwuler im Fußball führt bei vielen zu dem Umkehrschluss, dass Schwule von Natur aus gar nicht Fußball spielen können. Der Duschraum und die Kabine sind Orte heteronormativer Selbstvergewisserung. Hier wird anderes Verhalten als schwul diffamiert und mit der eigenen heterosexuellen Potenz geprahlt, im homosozialen Raum der Kabine ist die Homosexualität das Verbotenste. Die Dusche ist eine Arena vergleichender Männlichkeit (Walter, 2006, S. 103f). So verbirgt sich hinter dem Leugnen Homosexueller im Fußball auch die Angst vor Körpernähe, Nacktheit und Verletzbarkeit. Denn mit der körperlichen Nähe geht Nacktheit einher, die es für viele schwierig macht, eine implizierte Homoerotik auch tatsächlich implizit zu halten (Dembowski, 2002).

Das alltägliche Training wird ebenfalls als Event zur Demonstration von Männlichkeit genutzt. Die An- und Abreise der Fußballprofis erfolgt im Oberklassenwagen und symbolisiert erfüllte Männerträume. Die Autofirmen nutzen die Szene, jeder Tag eine Promotionstour. Fußballmänner sind auch Automänner. Der Traum vieler Fans verlängert sich über das Stadion ins erstrebte erfolgreiche Leben hinaus. Der Fußball ist die erste, das Luxusauto ist die zweite Haut der Stars. Hier wird Männlichkeit komplettiert (Böhnisch, 2008, S. 83).

Auf der einen Seite wirbt der Deutsche Fußball Bund für die Kampagne „Keine Macht den Drogen", auf der anderen Seite wirbt die Nationalmannschaft seit über 20 Jahren für deutsches Bier (Bitburger). Ein Widerspruch, der jedoch in der Weltsicht der DFB-Altvorderen keinen Widerspruch darstellt, da Bier nun mal zum Fußball dazugehört. Es fungiert als soziale Vergemeinschaftung und ist konstitutiv für die Genese männlicher Verkehrsformen. Bier gilt als isotonisches Getränk und ist besser als andere Drogen, die eine undurchsichtigere Wirkung haben. Also werden sie bekämpft: mit Bier und Propaganda. So machen etliche Bierhersteller Werbung für Männlichkeit: Becks: „Becks löscht Männerdurst" oder Holsten: „Auf uns Männer" (Bier-entdecken, 2006). Der Fußball dient als Zufluchtsort bedrohter Männlichkeit: im übersichtlichen Rechteck des Spielfeldes wie im übersichtlichen sozialen Raum der Fußballkneipe trotzt man der Männlichkeit (Walter, 2006, S. 107f).

3.5 Homosexualität im deutschen Profifußball

> „[...]Profisportler gelten als perfekt "diszipliniert", "hart" und "hypermännlich". Homosexuelle dagegen gelten als "zickig", "weich", "sensibel". Das passt natürlich nicht zusammen. [..] Homosexualität wird im Fußball ignoriert [...]" (Emcke & Müller-Wirth, 2014, zitiert nach Hitzlsperger, 2014).

Der Fußball erfreut sich weltweit größter Beliebtheit und steht gemeinhin für Werte wie Fairness, Toleranz und gegenseitigen Respekt. Allein der Deutsche Fußball-Bund zählt inzwischen mehr als 25.000 Vereine, in denen fast 9 Millionen Menschen aktiv oder passiv am Ball sind (DFB, 2016). Das Besondere an diesem Sport ist, dass sich auf dem Platz Menschen unterschiedlicher ethnischer oder sozialer Herkunft auf Augenhöhe begegnen können. Damit erfüllt der Fußball eine wichtige, integrative, sowie soziale Funktion und trägt idealerweise zum Abbau von Vorurteilen bei. Dennoch kommt es gerade auch im Fußball immer wieder zu Ausgrenzungen aufgrund der sexuellen Orientierung, des Geschlechts oder der Nationalität.

Im Fußball dominieren nach wie vor traditionelle Rollenbilder. Homosexuelle Spieler/-innen entsprechen nicht diesem Bild und werden daher bestenfalls ignoriert oder sogar offen abgelehnt. Im Männerbereich gilt Homosexualität als absolutes Tabu. Bezeichnenderweise hat sich bislang kein aktiver Profifußballer der ersten oder zweiten Bundesliga öffentlich zu seiner Homosexualität bekannt (Rohlwing, 2015). Bei den Bundesligaspielerinnen verhält es sich ähnlich. Dabei müsste laut Statistik (Kinsey Reporte, 1948 & 1953) jeder zehnte Spieler und jede zehnte Spielerin homosexuell sein, d.h. mindestens eine/r pro Team. In Deutschland sind sogar ca. 10 bis 15 Prozent der Männer homosexuell (de Hek, 2011, S.83) und in den ersten drei deutsche Profiligen gibt es 1537 Spieler (Transfermarkt, 2016), demnach müssten laut Statistik mindestens 153 Profispieler homosexuell sein. Selbst wenn man die aktuellen Zahlen des Statistischen Bundesamtes von 2015 als Grundlage nehmen würde, wonach sich nur fünf Prozent der 18 bis 30 Jährigen als homosexuell und fünf Prozent als bisexuell bezeichnen (Statista, 2015), müssten immer noch 76 bis 153 Spieler auf das gleiche Geschlecht stehen.

Die Homosexualität von männlichen Fußballspielern gehört im Profi-Geschäft nach wie vor zu den meist tabuisierten Themen überhaupt. Obwohl es zahlreiche Anzeichen, Hinweise und Vermutungen gibt, die Aufschlüsse auf eine gleichgeschlechtliche Beziehung eines Spielers geben könnten, wartet man immer noch vergebens auf einen aktiven, männlichen Akteur im deutschen Profifußball, der seine homosexuelle Neigung öffentlich bestätigt. Die männlichen Fans wollen das Bild der von ihnen geprägten Domäne um jeden Preis erhalten wissen.

Nirgendwo werden die Geschlechtergrenzen so eng gezogen und nach außen hin demonstriert, wie bei dieser Sportart. Der Fußball ist maskulin und Männer, die dem ursprünglichen Verständnis der Männlichkeit auch nur im Geringsten widersprechen, werden von eben dieser Spezies ausgeschlossen. Trotz der Vielfältigkeit auf den Zuschauerrängen, die von sozialen Unterschieden lebt, ist das Abgrenzungsbedürfnis zu „den anderen" ungebrochen. Ein Fußballfan muss chauvinistisch, hart und männlich-treu gegenüber seinen Vereinsmitstreitern sein. Schwule gelten als andersartig, unmännlich, weich und der männlichen Vorherrschaft nicht angehörend. In einer Gruppe männlicher Fußballfans werden sie nicht gleichwertig anerkannt, sondern eher als Anhängsel gesehen, dass dem männlichen Gehorsam, wenn auch nur aufgrund der Sexualität, nicht gehorcht. Was der männliche Fußballfan von seinen Mitstreitern erwartet, reflektiert er auch auf die aktiven Spieler. Ein Fußballer muss männlich sein, muss auf dem Platz kämpfen, darf den Zweikampf nicht scheuen und mit Herz und vollem Körpereinsatz der Mannschaft dienen. Liefert er diese Performance nicht, wird er schnell als „Memme" oder „Weichei" abgestempelt und ebenso schnell mit dem Prädikat „schwul" abgewertet. Homosexuelle passen scheinbar nicht in die grobe, vulgäre Welt des Fußballs und gefährden die proklamierte Männlichkeit. Sie sind Männer und dennoch geben die „wahren" Männer des Fußballs, aktive Spieler ebenso, wie die Fans an der Seitenlinie, alles um sich von den Homosexuellen zu distanzieren, sie unterzuordnen und sich niemals dieser scheinbar unterlegenen Spezies der Männlichkeit anzuschließen (Rohlwing, 2015).

3.5.1 Die Konstruktion des Begriffs Homosexualität

Es gibt keine Beziehung unter Männern, die eine höhere symbolische Last trägt, als die zwischen Schwulen und Heterosexuellen. Connell begründet diesen Zustand damit, dass die patriarchale Kultur eine ganz einfache Erklärung für schwule Männer habe, indem behauptet wird, dass es ihnen an Männlichkeit fehle (Connell, 1999, S. 165).

> „Die Vorstellung von der fehlenden Männlichkeit hat ihre Grundlage offensichtlich in der in unserer Kultur vorherrschenden Meinung über das Mysterium der Sexualität: Gegensätze ziehen sich an. Wenn jemand von Männlichkeit angezogen wird, dann muss die Person weiblich sein – und wenn es ihr Körper nicht ist, dann irgendwie ihre Psyche. Diese Argumentation ist nicht sehr stimmig, aber omnipräsent." (Connell, 1999, S.165)

Daran anknüpfend merkt Krell an, dass Homosexuelle, unabhängig von Mann oder Frau, Sexualitäts- und Geschlechternormen herausfordern. Sie beschreibt die Ambivalenz beim Entwurf eines Männlichkeitskonzeptes, dem die homosexuellen Männer ausgesetzt sind. Ihrer Meinung nach können sich homosexuelle Männer beim Entwurf eines Männlichkeitskonzeptes überwiegend nicht auf heterosexuelle Konzepte stützen. Gleichzeitig sind schwule Männer unter dem Druck ausgesetzt, ihre Männlichkeit in der Auseinandersetzung mit gesamtgesellschaftlichen Bildern zu entwerfen. Allerdings herrscht in der Gesellschaft das Vorurteil, Homosexuelle seien nicht männlich, ein Mannsein wird ihnen eindeutig abgesprochen (Krell, 2008, S. 265).

Betrachtet man nach Connell das Verhältnis zwischen hegemonialer und homosexueller Männlichkeit, ist es historisch betrachtet sowohl von der Kriminalisierung sexueller Beziehungen zwischen Männern als auch durch Einschüchterung und Gewalt gegenüber homosexuellen Männern gekennzeichnet (Connell, 1999, S. 176). Innerhalb der männlichen Geschlechterhierarchie ist die homosexuelle Männlichkeit ganz unten angesiedelt und ihr Abschluss wird durch die symbolische Nähe zum Weiblichen vollzogen. Aufgrund der gleichgeschlechtlichen Partnerwahl wird auf der Grundlage der gespaltenen Struktur der zweigeschlechtlichen Ordnung heraus die Konsequenz gezogen, dass homosexuellen Männern ihre Männlichkeit aberkannt wird und deshalb Schwule verweiblicht werden (Krell, 2008, S. 266). Die gesellschaftliche Norm sieht die Heteronormativität als Richtwert voraus, diese setzt sich aus der Heterosexualität und Normativität zusammen. Davon ausgehend gibt Hertling folgende Zusammenfassung für den Begriff Heteronormativität:

> „Die Abwertung von Homosexualität ist nicht nur ein bedeutsamer Bestandteil der heterosexuellen Männlichkeitskonstruktion, sondern ein Eckpfeiler einer jeden heterosexistischen Gesellschaft. Die Norm

der Heterosexualität, die sogenannte Heteronormativität, ist bei näherer Betrachtung in nahezu allen Bereichen des Lebens gegenwärtig. Sie bezeichnet die gedankliche Grundhaltung, welche sowohl die unreflektierte Annahme der Zwei-Geschlechter-Ordnung mit dem sozial konstruierten, dichotom verstandenen Geschlechtern Mann und Frau beinhaltet, als auch die hiermit verbundene soziale Norm der Heterosexualität, aus der sie die abwertende Haltung gegenüber Homosexualität erklärt." (Hertling, 2011, S. 23).

Heteronormativität lässt sich nach der Auffassung von Hertling in der Politik, der elterlichen Erziehung sowie der institutionellen Bildung und Erziehung wiederfinden. Hertling zeigt auf, dass gerade sozialhistorische Instanzen Bereiche sind, in denen Heteronormativität und Homophobie zum Ausdruck kommen (Hertling, 2011, S. 23). Heteronormativität scheint ein allgegenwärtiger und in der Gesellschaft tief verwurzelter Prozess zu sein. Heteronormativität und Männlichkeit sind eng miteinander verbunden, es liegt zwischen ihnen eine Art Wechselbeziehung vor.

Die eigene Homosexualität absichtlich und bewusst öffentlich zu machen, wird als Coming-out bezeichnet und ist ein weiteres wichtiges Kriterium für die Untersuchung des Begriffs Homosexualität. Nach Krell ist das Coming-out ein komplexer Prozess, bei dem die Bewusstwerdung und die Erkenntnis der eigenen Homosexualität als inneres Coming-out bezeichnet werden. Unter dem äußeren Coming-out ist die Thematisierung der Homosexualität gegenüber der sozialen Umwelt zu verstehen. Das Coming-out und männliche Sozialisationsprozesse überlagern sich und gehen eine Wechselbeziehung ein, weil schwule Männer als Jungen in einer heterosexuell normierten Welt aufwachsen und damit verbunden eine gesellschaftspezifische Sozialisation durchlaufen. In diesem Zusammenhang werden ihnen bestimmte männliche Ausdrucksformen vermittelt. Es kommt zu einem Sich-Einlassen auf hegemonialer Männlichkeit, und das Gebilde hegemonialer Männlichkeit wird übernommen (Krell, 2008, S. 269f). Die Bedeutung und die Ambivalenz, die hinter einem äußeren Coming-out steckt, beschreibt Krell wie folgt:

„Die potenzielle Gefährdung von Männlichkeit durch Prozesse des äußeren Coming-outs schlägt sich darin nieder, dass das äußere Coming-out in den Kontext von Handlungen gestellt wird, die stereotype Vorstellungen von Männlichkeit abbilden. Die mögliche Beschädigung männlicher Identität durch die Homosexualität auf der anderen Seite soll so z.B. durch beruflichen Erfolg auf der anderen Seite ausgeglichen werden. Die Unterordnung homosexueller Männlichkeit zeigt sich im homosozialen Umfeld in der Problematisierung des Coming-outs gegenüber homosexuellen Männern, da Schwule hier riskieren, aufgrund der Homosexualität abgewertet zu werden." (Krell, 2008, S. 271).

Es herrscht Druck in doppelter Hinsicht. Zum einen entspricht Homosexualität nicht der gängigen Auffassung von Männlichkeit. Deshalb stellt ein äußeres Coming-out häufig einen großen Schritt im Leben eines schwulen Mannes dar. Zum anderen kommt es zu präventiven Maßnahmen als Schutzreaktion gegen die eigene Beschädigung männlicher Identität durch die Offenlegung der Homosexualität. Um nach außen hin als besonders männlich zu wirken, wird zum Beispiel ein hohes Maß an beruflichem Erfolg angestrebt. Schwul zu sein kann von außen also auch als eine Art von Schwäche betrachtet werden, der dann seitens der homosexuellen Männer mit großem beruflichem Erfolg entgegengetreten wird. Einerseits öffnen sich schwule Männer durch ein Coming-out, geben ihre sexuelle Identität der Öffentlichkeit preis und können dadurch, ohne ein Doppelleben führen zu müssen, ihren sexuellen Bedürfnissen nachgehen. Andererseits riskieren es die homosexuellen Männer, von anderen heterosexuellen Männern aus Bereichen der Gesellschaft ausgegrenzt zu werden.

Aufgrund der Abgrenzung von hegemonialen Männlichkeitsbildern und einem gleichzeitig vorhandenen Bedürfnis, in der traditionellen Männerwelt akzeptiert zu werden, entstehen Ambivalenzen. Deshalb kommt es zu einem schwulen Ideal, das sich bei der eigenen Konstruktion von Männlichkeit weitestgehend an hegemonialer Männlichkeit orientiert (Krell, 2008, S. 276). Dies verdeutlicht auch der Standpunkt von Bourdieu, der Homosexualität unter der Perspektive symbolischer Herrschaftsbeziehungen untersucht. Bourdieu versteht unter symbolischer Herrschaft, dass homosexuelle Männer, die die Rolle der Beherrschten einnehmen, dazu neigen, den Standpunkt der Herrschenden zu vertreten und einzunehmen (Krell, 2008, S. 266).

Des Weiteren kann verweiblichte schwule Männlichkeit als untergeordnete schwule Männlichkeit betrachtet werden. In diesem Zusammenhang macht Krell darauf aufmerksam, dass eine Einbeziehung weiblicher Persönlichkeitsanteile gerade bei jüngeren Schwulen festzustellen sei und dies positiv betrachtet als eine größere Freiheit von geschlechtsspezifischen Normen betrachtet werde kann. Der Großteil homosexueller Männer scheint aber eine Mischform aus traditioneller instrumenteller und mehr emotionaler Männlichkeit zu leben. Die aufgezeigten Amivalenzen sowie umfassenden Interaktions- und Wechselbeziehungen zwischen hegemonialer und schwuler Männlichkeit verdeutlichen, dass es nicht nur heterosexuelle Männlichkeit, sondern auch schwule Männlichkeit gibt (Krell, 2008, S. 276).

3.5.2 Der schwule Fußballer Marcus Urban

Einer der wenigen Fußballer, der sich mit seinem Coming-out bewusst an die Öffentlichkeit wandte und seine Geschichte sogar in einer Biografie publizierte, ist Marcus Urban. In seinem Buch „Versteckspieler" erzählt er seinen schmerzhaften Weg vom Teenager, der sich seine Homosexualität weder eingestehen möchte, noch bereit ist, ihr nachzugeben, bis zum abrupten Ende einer vielversprechenden Zukunft, die im professionellen Fußball hätte enden können. Marcus Urban besuchte die Kinder- und Jugendsportschule (KJS), in der die DDR ihre Sportler zu Staatsbotschaftern ausbilden wollte. Es folgten sieben Jahre an der Fußballschule bis er Anfang der Neunziger Jahre bei Rot-Weiß Erfurt mit einem Profivertrag kurz vor dem Eintritt in die zweite Bundesliga stand. Zeit seines Fußballlebens, so beschreibt es der Journalist und Autor des Buches Ronny Blaschke, hatte Urban Angst aufzufallen. In der Pubertät verdrängte er den aufkommenden Gedanken, er könnte homosexuell sein. In einem Interview mit der Zeitung „Die Welt" sagte Urban: „Mein Gedanke war immer: Ich bin Fußballer, ich kann nicht schwul sein." Er fand weder Ansprechpartner, noch irgendeine Form der psychologischen Beratung. Jahrelang redete er sich ein „krank" zu sein und zog sich zurück. Sein Bestreben galt der Karriere als Fußballer, immer wieder stürzte er sich durch hartes Training in die Arbeit an seinem Talent, wollte auf keinen Fall als verweichlicht gelten. Sein Ziel bestand darin, sich zu kontrollieren, durch keine Geste oder Äußerung als Homosexueller aufzufallen.

Der Versuch, Männlichkeit zu demonstrieren und die gleichzeitig unterdrückten und aufgestauten Emotionen des Homosexuellen zu verdrängen, sorgten für ein stetig steigendes Maß an Aggressionen, die Marcus Urban auf und neben dem Fußballplatz auszuleben begann. Stetig kämpfte er für seine Zukunft als Fußballer und gegen seine Homosexualität – beides zugleich ging nicht. Letztendlich gab er den Fußball auf, nach einer Verletzungspause stieg er nicht mehr in das Fußballgeschäft ein, obwohl er den Sprung in die 2. Bundesligamannschaft von Rot-Weiß Erfurt hätte schaffen können. Ein Leben in der Männerdomäne, als einer von den „anderen" wurde unmöglich, obwohl der Fußball stets sein Leben war. „Ich hätte mit meiner Sensibilität nur sehr schwer bestehen können", sagt Urban im Zeitungsinterview. Eine Karriere als zufriedener, erfolgreicher und glücklicher Fußballer, die er sich als Junge erträumt hatte, entpuppte sich als unerreichbar.

Heute fühlt Urban sich befreit, lebt seine Homosexualität aus und erfährt sogar Anerkennung von ehemaligen Mitspielern. Das Schwule im Fußball nach wie vor ein Tabuthema sind, erklärt er mit den „klassisch konservativen Strukturen", die im Mannschaftssport herrschen und von Intimitäten nicht gestört werden sollen. „Es soll alles so bleiben, wie es ist." Dass ein Mann keine Frauen sondern Männer liebt, ist laut Urban für viele Sportler nur schwer vorstellbar. „Dieser Fall wäre ein Störfaktor, der nicht gerade dem gemeinsamen Erfolg dienen würde."(Bogena, 2007, zitiert nach Urban, 2007).

Schlechter als Marcus Urban erging es dem aus Nigeria stammenden Fußballspieler Justin Fashanu, der sich als Einziger im europäischen Spitzensport zu seiner Homosexualität bekannte. Fashanu galt als großes Talent und spielte Ende der siebziger Jahre bei Norwich City in England groß auf – bis seine Verbindung in die Schwulenszene an die Öffentlichkeit gelangte. Er dementierte, doch seine sportliche Karriere rettete das nicht. Er wurde in untere Ligen durchgereicht und hörte letztendlich auf. 1990 wagte er dann sein öffentliches Comingout, soll dafür sogar 80.000 Pfund von dem englischen Boulevardblatt „The Sun" bekommen haben. Eine Befreiung wurde dieser Schritt dennoch nicht. Nachdem er an die Öffentlichkeit gegangen war, behauptete ein 17-Jähriger, Fashanu habe ihn vergewaltigt. Die Polizei ermittelte, Beweise gab es keine, aber die Presse urteilte hart über den ehemaligen Fußballprofi. Fashanu zerbrach. Am 2. Mai 1998 erhängte er sich in einer Londoner Garage. In seinem Abschiedsbrief schrieb er: „Schwul und eine Person des öffentlichen Lebens zu sein, ist hart. Ich fühlte, dass ich wegen meiner Homosexualität kein faires Verfahren bekommen hätte." (Bock, 2013).

3.5.3 Thomas Hitzlsperger: Outing eines Fußball-Profis

Thomas Hitzlsperger ist ein ehemaliger deutscher Fußballspieler und heutiger Fußballfunktionär. Der größte Erfolg seiner Karriere war der Gewinn der Deutschen Meisterschaft mit dem VfB Stuttgart in der Bundesliga und das Erreichen des dritten Platz bei der Weltmeisterschaft 2006 und Vizeeuropameisterschaft 2008. Am 09. Januar 2014, 4 Monate nachdem er seine aktive Karriere (am 03. September 2013) beendet hat, bekannte er sich in einem Interview in der Wochenzeitschrift „Die Zeit" als erster deutscher Profifußballer (nach seiner aktiven Karriere) zu seiner Homosexualität. Nach Hitzlsperger bleibe das Thema Homosexualität unter Profisportlern immer noch in den Klischees stecken. Profisportler gelten als perfekt „diszipliniert", „hart" und „hypermännlich". Im Gegenteil dazu seien Homosexuelle „zickig", „weich" und „sensibel" und diese Eigenschaft passten natürlich nicht zu einem Profisportler. In diesem Zusammenhang seien immer wieder Widersprüche aufgebaut worden, mit denen Hitzlsperger in seiner Profikarriere konfrontiert wurde: „Der Profifußball ist ein absoluter harter Leistungssport. Kampf, Leidenschaft und Siegeswille sind untrennbar miteinander verknüpft. Das passt nicht zu dem Bild, das sich viele Leute von einem Homosexuellen machen, nämlich: Schwule sind Weicheier." (Emcke & Müller-Wirth, 2014, zitiert nach Hitzlsperger, 2014).

Nicht nur im deutschen Profifußball sei Homosexualität ein schwieriges Thema, sondern auch in anderen Ländern wie England oder Italien. Nach der Auffassung Hitzlsperger sei immer noch etwas wie eine „Pflichtsexualität" in der Gesellschaft fest verankert. Setze sich jemand dennoch darüber hinweg, werde er einfach nur belächelt. Dass die Spieler einer normativen Matrix männlicher Zwangsheterosexualität unterworfen sind, beschreibt auch Hitzlsperger: „Wenn abends die Mannschaft ausgeht, wird getrunken, alle haben Spaß. Natürlich sprechen die Spieler dann auch über Frauen. Aber niemand wird in so einer Situation über attraktive Männer schwadronieren." (Emcke & Müller-Wirth, 2014, zitiert nach Hitzlsperger, 2014). Dementsprechend werde auch das Thema Homosexualität innerhalb einer Fußballmannschaft nicht ernsthaft diskutiert. So rede man in der Kabine in erster Linie über gewonnene Spiele, erzielte Tore und eventuell über Ärger mit Behörden wie Einwanderungs- oder Steuerbehörde. Das Thema Homosexualität komme lediglich dann auf, wenn Spieler darüber spekulieren, wer denn innerhalb der eigenen Mannschaft homosexuell sein könnte. (Emcke & Müller-Wirth, 2014).

Des Weiteren scheinen homophobe Äußerungen fester Bestandteil im Fußballjargon zu sein. Daran anknüpfend sei das Wort „schwul" als Schimpfwort im Fußball immer noch verbreitet. Häufig werde ein schwaches Zuspiel mit der Aussage „schwuler Pass" kommentiert. Hitzlsperger hat es selbst miterlebt und weiß, was es bedeutet, aufgrund homosexueller Orientierung abgelehnt zu werden, auch wenn er nicht persönlich angesprochen war. Oft habe er krasse Erfahrungen machen müssen, sowohl im In- und Ausland. Hierbei habe er Erfahrungen mit Menschen gemacht, die völlig naive Vorstellungen von Homosexualität hätten und auch ihre Ablehnung gar nicht erst leugneten. Immer wieder habe es dumme Sprüche oder Witze gegeben (Emcke & Müller-Wirth, 2014).

Hitzlsperger selbst habe lange gebraucht, um für sich festzustellen, dass er homosexuell sei. Das Bedürfnis, mit einem Mann zusammenzuleben, habe sich erst am Ende seiner Karriere eingestellt. Anfangs habe er es nicht wahrhaben wollen, entschloss sich dann aber, es mal auszuprobieren. Schließlich sei ihm irgendwann bewusst geworden, dass er sich mehr zu Männern als zu Frauen hingezogen fühle (Schäfer, 2015):

> „Ich bin aufgewachsen und hatte nur Fußball im Kopf. Das ist dann ein schleichender Prozess. Selbst die Beziehung zu meiner damaligen Freundin, die war zwar gut, aber sie lief eher nebenher. Das Gefühl, dass mir etwas fehlt, dass ich mit einem Mann leben will, das hat sich erst am Ende meiner Karriere eingestellt. Das hatte ich vorher nicht.“ (Schäfer, 2015, zitiert nach Hitzlsperger, 2015).

Die ersten schwulen Erfahrungen habe Hitzlsperger während einer Verletzungspause in San Francisco gemacht. Bei FC Everton habe er einen festen Freund gehabt, den er in den USA kennengelernt habe und der später zu ihm nach Liverpool gezogen sei. Es seien zwar nur ein paar Monate gewesen, aber es sei sehr schön gewesen, mit einem Mann in einer Beziehung zu leben, so Hitzlsperger. Man teile sein Leben mit jemandem, den man liebt. Lediglich die Familie von Hitzlsperger sei damals über diese Beziehung informiert gewesen. Seiner Meinung nach sei das größte Problem eines Outings während der aktiven Zeit als Profifußballer die Aufmerksamkeit, die das Ganze mit sich bringt. Er habe nach dem Ende seiner Karriere für sein öffentliches Outing Zeit gehabt, alles zu planen. Im Gegensatz dazu habe ein noch aktiver Spieler diese Zeit nicht. Ein solcher müsse schließlich am nächsten Wochenende wieder gewinnen. Diese Aufmerksamkeit schrecke viele Spieler letztlich ab, sich zu ihrer Homosexualität zu bekennen. Dennoch vertritt Hitzlsperger die Meinung, dass man nicht einfach dem Fußball die Schuld in die Schuhe schieben könne, weil er in seiner Gesamtheit homophob sei. Vielmehr seien für Hitzlsperger die Spieler dafür verantwortlich, die nicht den Mut aufbrächten, sich öffentlich zu outen. Dies solle zwar kein Vorwurf sein, da es immer Zweifel und Ängste geben werde. Allerdings brauche man für ein Coming-out eine starke Persönlichkeit, da der Gang durch die Stadien und Kabinen sicherlich kein Spaziergang werde, aber einer müsse seiner Meinung nach da jetzt mal durch, so Hitzlsperger (Schäfer, 2015).

Das öffentliche Outing Hitzlsperger sollte ein Diskus über Homosexualität unter Profisportlern voranbringen. Hitzlsperger selbst ist der Auffassung, dass er die Diskussion über Homosexualität im Profisport vorangetrieben habe, da auch ein Jahr (2015) nach seinem Coming-out sich die Leute immer noch dafür interessierten. Allerdings hat sich bis heute kein aktiver Profifußballer zu seiner Homosexualität bekannt (Schäfer, 2015). Eine aktuelle Umfrage der ARD zeigt, dass

Homosexualität im deutschen Profifußball auch nach dem Coming-out von Hitz-lsperger weiterhin ein Thema zu sein scheint, über das man nicht spricht. In der Umfrage wurden alle 36 Bundesligaklubs der Ersten und Zweiten Bundesliga befragt, wie man reagieren würde, wenn sich einer der eigenen Spieler als homosexuell outen würde. Ebenfalls wurden die Vereine gefragt, wie man homophobe Fangesänge oder Äußerungen in den Stadien wahrnehme. Auf die Anfrage reagierten von den 36 angeschriebenen Vereinen vierzehn überhaupt nicht und elf Vereine sagten die Teilnehmer an der Umfrage ab (ARD-Recherche-Redaktion Sport, 2015). Vor diesem Hintergrund scheinen auch nach und nach, über einem Jahr nach dem Coming-out von Hitzlsperger die Fußballvereine, die eigentlich mit gutem Beispiel vorangehen sollten, die Augen zum Thema Homosexualität im deutschen Profifußball zu verschließen.

3.5.4 Homophobie im Fußball

„Ich hoffe, dass keine Schwule in der Mannschaft sind" (Witte, 2012, zitiert nach Cassano, 2012), diese Aussage traf der italienische Fußballer Cassano im Trainingsquartier zur EM 2012 in Polen.

Fremdenfeindlichkeit, Antisemitismus, Islamphobie, Sexismus, Homophobie, die seit jeher in der deutschen Gesellschaft existieren, finden sich auch im Fußball wieder. Was jedoch im Alltag unter dem Deckmantel des Schweigens bleibt, ergießt sich gerade in der Anonymität der Massen in Form von Schmähgesängen von den Tribünen der Fußballstadien. Kaum ein Ort eignet sich so gut, um Frustrationen oder Ressentiments z.B. gegen Ausländer, Schwule oder Frauen zusammen mit offensichtlich Gleichgesinnten zu äußern wie dort. Waren in den achtziger und neunziger Jahren vor allem der ausgelebte Rassismus und Antisemitismus ein Problem in den Bundesligastadien, dem die Offiziellen der Liga mittlerweile entgegengetreten sind. Da rassistisch motivierte Gesänge und Aufhetzungen gegen Juden, Farbige oder Ausländer bekämpft wurden und den Vereinen empfindliche Strafen drohen, sollten ihre Anhänger mit dementsprechenden Äußerungen oder Taten auffallen. Findet am Rande des Fußballs eine andere Diskriminierung statt: Homophobie.

Diese Diskriminierungsform findet zusammen mit dem Sexismus, immer mehr Zulauf. Ähnlich wie Rassismus ist auch die Homophobie ein Paradebeispiel der versteckten sozialen Menschenfeindlichkeit. Während sich der Einzelne oft nicht als „Schwulenfeind" deklarieren will, findet er in der männlich-sportlichen Umgebung, die ihm der Fußball bietet, eine bestmögliche Plattform seinem verkappten Unmut Luft zu machen. So gab 2006 in einer Gesellschaftsstudie unter dem Titel „Deutsche Zustände" 21,8 Prozent der 3000 befragten Menschen an, Homosexualität als unmoralisch zu halten (Heitmeyer, 2007). Schon in Jugendmannschaften oder Amateurklassen sind Begriffe wie „Schwuchtel" oder „Warmduscher" die neue verbale Kanalisierung für Aggressivität und Abgrenzung. Anders als rassistische Äußerungen werden homophobe Ausdrücke von offizieller Seite kaum verfolgt, geschweige denn bestraft. So fordert aktuell der spanische Schwulenverband nach homophoben Beleidigungen von Gegenspielern gegen Real-Superstar Cristiano Ronaldo, dass Ermittlungen wegen mutmaßlicher Beleidigung gegen Unbekannt eingeleitet werden (Ahrens, 2016) In den Satzungen der Bundesligavereine wird das Wort Homophobie nicht einmal erwähnt, d.h. wer früher mit ausländerfeindlichen Ausdrücken am Rande des Fußballplatzes schimpfte, greift heute zu schwulenfeindlichen Verbalattacken. Welches Maß an Diskriminierung dies für die homosexuellen Akteure auf dem Platz bedeutet, zeigen nicht zuletzt das Beispiel von Marcus Urban, Thomas Hitzlsperger und aktuell Cristiano Ronaldo. Hinzukommt, dass homosexuelle Spieler die Attacken stillschweigend verarbeiten müssen, da sie quasi unsichtbar (nicht geoutet) unterwegs sind.

Solange der Homophobie also nicht von außen mit strickten Verboten und Bestrafungen ein Ende gesetzt wird, sind die betroffenen Spieler den Attacken dieser Art von Zuschauern und Spielern weitestgehend schutzlos ausgeliefert. Ein Outing wäre vermutlich noch schlimmer, denn ein Outing würde sie unwiderruflich stigmatisieren und wäre für die gewillten Fans ein Angriffspunkt ohnegleichen (Rohlwing, 2011).

Homophobie zeigt sich primär dadurch, dass Homosexualität als eine Störung von heterosexuellen Normen wahrgenommen wird (Hertling, 2011, S. 22):

> „Homophobie meint eine Furcht der Heterosexuellen, eine Furcht, deren Bestand bereits erahnen lässt, dass Zweifel an der eigenen heterosexuell-männlichen Identität und dem eigenen Verständnis von Männlichkeit bestehen könnten. Dies meint nicht nur, dass die Angst vor eigenen homophilen Neigungen ursächlich für Homophobie sein kann, sondern alleine schon die Ahnung, normativer Vorgaben an Männlichkeit nicht erfüllen zu können oder im tiefsten Inneren nicht erfüllen zu wollen."(Hertling, 2011, S. 22).

Hertling ist der Auffassung, dass Homophobie nicht erst mit einem physischen oder psychischen Angriff, wie oben beschrieben und der damit verbundenen sichtbaren, sowie bewussten Verletzung eines homosexuellen Menschen einsetzt. Überall, wo es Ungleichbehandlungen von Homosexuellen gibt, findet Homophobie statt. Außerdem basieren homophobe Handlungen und Äußerungen auf dem heteronormativem Denken (Hertling, 2011, S. 22f.). Auch Walther-Ahrens verdeutlicht, dass bei Menschen grundsätzlich von Heterosexualität ausgegangen wird und damit andere Menschen automatisch diskriminiert werden:

> „Homophobie, die Angst vor und die Ablehnung von Homosexualität, deren Lebensweise und deren veränderte Rollenbilder, schützt und stabilisiert das System der Heterosexualität. Dabei spielt die Ausdruckform von Homophobie keine Rolle, egal ob in Form von offener und physischer Gewalt oder alltäglicher Schmähbegriffe auf dem Schulhof."(Walther-Ahrens, 2011, S. 28).

Homophobie ist nicht nur ein Bestandteil heterosexuell-männlicher Identitätskonstruktion, sondern ist bis heute auch einer der am häufigsten akzeptierten Ausgrenzungsmechanismen in Deutschland. Ein Beleg für die Homophobie in Deutschland ist die erhöhte Suizidrate Homosexueller, im Vergleich mit der durchschnittlichen Suizidrate innerhalb der Gesamtbevölkerung ist die Selbstmordrate unter homosexuellen Männern etwa viermal höher. Die hohe Selbstmordrate und die häufigen Selbstmordversuche deuten auf eine heterosexistische und gleichzeitig homophobe Lebensumwelt hin. Diese Lebensumwelt verhindert, dass homosexuelle Männer sich frei entfalten können. Sie werden daran gehindert, ihre Sexualität anzunehmen, diese zu entdecken und in ihren Alltag zu integrieren (Hertling, 2011, S. 23f).

Durch das Nicht-Akzeptieren von Homosexualität als eine Heterosexualität gleichwertige sexuelle Variante werden homosexuelle Menschen auf gravierende Art und Weise in ihrer Lebensqualität beeinträchtigt und geschädigt. Die überdurchschnittliche Selbstmordgefahr bei jungen homosexuellen Männern zeigt deutlich, dass die Ausgrenzung von Homosexualität besonders ein männliches Problem ist. So ergab bei einer Umfrage, die die Akzeptanz von Homosexualität im Frauenfußball untersuchte, dass nur vier Prozent sich an homosexuelle Spielerinnen stören würden. Den restlichen 86 Prozent wäre das egal und 10 Prozent würden es sogar gut finden, wenn sich lesbische Spielerinnen outen würden (Statista, 2011/2).

So waren bis zum Jahr 1969 homosexuelle Handlungen in der Bundesrepublik Deutschland strafbar. Dies war im § 175 des Strafgesetzbuches (StGB) festgehalten: „Die widernatürliche Unzucht, welche zwischen Personen männlichen Geschlechts oder von Menschen mit Tieren begangen wird, ist mit Gefängnis zu

bestrafen; auch kann Verlust der bürgerlichen Ehrenrechte erkannt werden."
(Bleibtreu-Ehrenberg, 1978, S. 340).

Im Jahr 1969 fiel der § 175 und wurde in der Bundesrepublik Deutschland
dadurch entschärft, dass Homosexualität unter Erwachsenen straffrei wurde. Erst
123 Jahre nach Verkündung des Strafgesetzbuches und des § 175, wurde er
1994 ganz abgeschafft, sodass Homosexualität in Deutschland nicht mehr unter
Strafverfolgung steht. Homophobie war in Deutschland seit der Reichsgründung
1871 mehr als ein Jahrhundert fester Bestandteil der Justiz und verdeutlicht die
Diskriminierung gegenüber Homosexuellen in der Gesellschaft. Die in der Justiz
verankerten homophoben Gesetze sind ein weiterer Grund dafür, dass die Nicht-
Akzeptanz Homosexeller zum Bestandteil der deutschen Gesellschaft geworden
sind. Erst mit der Entschärfung und Abschaffung des Paragrafen 175 begann
eine allmähliche Sensibilisierung des Themas der Homosexualität. Allerdings ist
Homophobie in vielen Teilen der Gesellschaft und im Fußball explizit noch immer ein fester Bestandteil (Rohlwing, 2011).

3.6 Fußball und die Krise der Männlichkeit

Durch Veränderungen in den letzten Jahrzehnten, die primär der neuen Frauen-
bewegung zu verdanken sind, wurde das Geschlechterverhältnis und die soziale
Ordnung der Gesellschaft mit ihrer patriarchalen Ausrichtung in Frage gestellt
und trotz grundsätzlicher Beibehaltung asymmetrischer Strukturen und unglei-
cher Chancen in vielen Bereichen doch beträchtlich modifiziert. Durch die fort-
schreitende Einbindung von Frauen in ehemalige Männerdomänen, unter anderem in die Politik, kommt es zu einem Wandel im vorherrschenden Männerbild
und eine Orientierung an der traditionellen konservativen Form von Männlichkeit wird fragwürdig. Männlichkeit wird zu einem sich stetig wandelnden Kon-
glomerat von Eigenschaften, welchem die Männer entsprechen müssen, um gesellschaftliche Anerkennung zu erlangen. Da dies für viele Männer die Elemente
traditioneller Männlichkeit fragwürdig werden lässt, flüchten sie sich gerne in
Felder, in denen sich die Bilder von Männlichkeit in einer geringeren Ge-
schwindigkeit modernisieren: dem Fußball.

Dass die männliche Dominanz im Fußball nicht nur eine Bastion, sondern vielmehr eine der Letzten zu sein scheint, wird deutlich, wenn man sich den Einfluss der angesprochenen sozialen Gruppen, Frauen und Homosexuelle, in anderen Bereichen der Gesellschaft vor Augen führt. An der Spitze der Bundesrepublik steht mit Angela Merkel eine Frau, hochrangige Politiker wie der verstorbene
Außenminister Guido Westerwelle oder Berlins langjähriger Bürgermeister

Klaus Wowereit bekennen sich öffentlich als homosexuell. Um den Anteil von Frauen in Führungspositionen zu erhöhen, gilt seit 2016 eine Geschlechterquote von 30 Prozent für neu zu besetzende Aufsichtsratsposten in etwa 100 großen Unternehmen. Zu alledem führte ausgerechnet eine Frau, Ursula von der Leyen, die Elternzeit ein, nach der es nun auch Männern möglich ist, ein Jahr lang aus dem Beruf auszusteigen, um sich dem Nachwuchs zu widmen, während die Frau sich völlig entgegen des gewohnten, traditionellen Verständnisses dem Geld verdienen verspricht. So scheint der Fußball eine der letzten Bastion männliche Dominanz zu sein. Aber auch hier findet ein Wandel statt, indem Frauen und marginalisierte Männlichkeiten Teil der Fußballwelt werden.

3.6.1 Wandel der Stadien- und Zuschauerkultur

Die Fußballplätze und Stadien sind die letzten Orte, an denen Fans echte Männlichkeit leben können, denn selbst in den baulichen Strukturen der Fußballkulturstätte schlagen sich charakteristische Männlichkeitskonzeptionen nieder.

Fand der Fußball seinen Anfang auf brach liegenden Flächen oder Wiesen, auf denen ohne besondere Regel gegen einen aus Stoffreste selbst gebastelten Fußball getreten wurden, so kristallisierten sich bald spezielle Orte heraus, an denen sich auch bürgerliche Männer dem Fußball hingeben konnten. Es gab nur lose Torstangen, die transportiert werden mussten und Spieler/-innen und Zuschauer/-innen waren noch nicht räumlich voneinander getrennt. Mit zunehmender Beteiligung der Arbeiterschaft wurden dann spezielle Fußballplätze eingerichtet und eingeflankt. Die Zuschauer/-innen wurden durch Absperrungen vom Spielfeld ferngehalten, mussten Eintritt bezahlen und wurden entsprechend ihrer Einkommensverhältnisse sozial in der Anlage segregiert. Zu Beginn des 20. Jahrhunderts wurden Stadien als Austragungsorte sportlicher Wettkämpfe errichtet und die männlichen Fans wurden nach sozialen Kriterien sowie nach Generationen sortiert (Sitz- und Stehplätze). Die Stadien sind so aufgebaut, dass alle Blickmöglichkeiten auf das rechteckige Spielfeld ausgerichtet sind und alle Aufmerksamkeit auf das Fußballspiel konzentriert ist. Fußballstadien sind nach Heim- und Gästeblöcken segmentiert, so lässt sich zwischen dem „Wir" und „den Anderen", zwischen „Freund" und „Feind" räumlich klar unterscheiden. In Stadien werden unverhohlen auch soziale Hierarchien ersichtlich durch Steh- oder Sitzplätze. Die bequemen Sitzplätze auf den Tribünen und der Mühsal der Stehplätze bringen neben einer sozialen auch eine männerbündische Architektur zum Ausdruck, die soziale Differenzen hegt, um sie zugleich baulich und räumlich zusammenzuhalten (Kreisky, 2006, S. 36f).

Das Stadion und die Erinnerung an die mythische Gründungszeit modernen Fußballs, als es noch im Stadion nach Bockwurst und Bier roch, der Fan auf Vereinstreue auf Lebenszeit schwur und auf eine soziale klassenübergreifende und verbindende Männlichkeitsideologie beruhte, sind vorbei. Diese urmaskuline Fußballinszenierung voller Emotionen muss für Stadien der Großklubs mit High-Tech-Arenen Platz machen. Die gigantischen neuen Stadien werden in Arenen umbenannt und die Namensrechte der Vereine – der Finanzierbarkeit wegen – an kommerzielle Anbieter verkauft (Kreisky, 2006, S. 37). So wird aus dem Westfalenstadion in Frankfurt die Commerzbank-Arena oder aus dem Westfalen Stadion in Dortmund der Signal-Iduna-Park (wikipedia, 2016). Die neuen „Multifunktions"-Arenen bieten beheizte und überdachte Sitzplätze nahe am Spielfeld, VIP-Lounges, eigene Restaurants und Bars, Entertainment-Programme, Einkaufsmöglichkeiten und sogar Kirchen. „Bring your Family" lautet nun die Devise akkurater Vereinsführung. Der FC Bayern sieht sich voll im Trend, kann er sich doch als „frauenfreundlicher" Verein wähnen.

Durch die Kommerzialisierung des Fußballs entsteht eine neue Zweiklassengesellschaft: Fußball und Fußballfans mutieren zur bloßen Szenerie einer globalisierten Event-Kultur, der neuen Weltmännlichkeit zu Diensten. Die proletarische Männlichkeit der Fußballstadien gehört der Vergangenheit an, die aktuelle hegemoniale Männlichkeit wird durch Sphären der New Economy, der privaten Medien und des neuen Wissensmanagements geprägt, das fernab des Wertverständnis der Fußballfankultur liegt. Aber auch diese neue hegemoniale Männlichkeit verbrüdert sich mit dem traditionellen Milieu des Fußballs, so zeigen sich Politiker und Bänker in Volksnähe, indem sie sich auf ihre konventionelle Männlichkeit beziehen und versuchen sich das Kollektiv der Männer zu sichern.

Die Transformation der Fußballmännlichkeiten erfolgt auch dadurch, dass Räume und Felder des Fußballs neu adaptiert werden und die Zuschauermärkte ausgeweitet werden (Kreisky, 2006, S. 38).

3.6.2 Der Einfluss der Homosexuellen im Fußball

Der Fußball befindet sich zwischen Tradition und Aufbruch. Den Weg, den der Fußball gegangen ist, hat keine andere Sportart sonst beschritten. Aus dem wilden, unkontrollierten Spiel der Unterklasse ist ein Sport geworden, der nicht nur seinen holperigen Weg mitten hinein in die gesellschaftliche Anerkennung gemacht hat, sondern zudem als Identifikationsfigur für eine ganze Nation steht. Keinem anderen Sport in Deutschland wird eine solche mediale Bedeutung zuteil wie dem Fußball, über keine andere Sportart wird so viel berichtet, geschrieben und diskutiert. Keine andere Sportart vereint so viele Menschen und mit keiner anderen Sportart identifizieren sich so viele Millionen, in Deutschland und in der ganzen Welt. Die Entwicklung des Fußballs ist unwiderruflich ein Aufbruch. Der Fußball ist in seiner traditionellen Art dort angekommen, wo er hin wollte: In der Mitte der Gesellschaft als ein Volkssport.

Dieser Volkssport wird dominiert von Männern – und obwohl sich in ihren Reihen wie anfangs beschrieben einige Homosexuelle befinden, gilt es als äußerst unwahrscheinlich, dass diese es schaffen, die Bastion der Männlichkeit umzustürzen. Offenkundig sind homosexuelle Fußballer in Deutschland nicht nur in einer deutlichen Minderheit – sie sind umgeben von strotzender Männlichkeit, die darauf bedacht ist, keinen Zweifel an sich aufkommen zu lassen, sowohl im Amateur- als auch im Profibereich. Das vorherrschende Problem der Homosexuellen ist ihr Zwiespalt zwischen ihrem Dasein als Fußballspieler und ihr gleichzeitiges Verlangen, offen zu ihrer Homosexualität zu stehen. An dem öffentlichen Bild des vor Männlichkeit strotzenden Profifußballers kratzen Homosexuelle momentan nur, weil die Öffentlichkeit quasi davon ausgeht, dass es sie gibt. Solange sich aber keiner öffentlich dazu bekennt, greift auch keiner die Bastion der Männlichkeit an.

Die Situation der Homosexuellen im Profifußball ist äußerst prekär, denn sie sind es, die das perfekt in Szene gesetzte Konstrukt zum Wanken bringen könnten. Allerdings nur wenn sie bereit sind, mit abzustürzen. Denn klar ist auch, wenn sich ein homosexueller Fußballer mit entsprechend medialer Begleitmusik outen würde, wäre seine Karriere höchstwahrscheinlich beendet. Wie auch der schwule Fußballer Marcus Urban in seiner Biografie vermutet, haben sich die homosexuellen Fußballer, denen ihr Versteckspiel bis in die obersten Spielklassen des Profisports geglückt ist, mit ihrer Situation abgefunden. Anderenfalls hätten sie ihre Karriere bereits abgebrochen und den Schritt bis ganz oben gar nicht getan. Die Chance, dass es also aktive Profifußballer gibt, die bereit sind ihre äußerst gutbezahlte Karriere durch so einen Eklat aufs Spiel zu setzen, um einen Umbruch der männlichen Dominanz im Fußball auf eigene Kosten herbeizuführen, ist äußerst gering. Abgesehen davon, dass auch ein Echo sie hart treffen würde. Denn auch wenn es sicher große Zustimmung geben würde, aus der starken Männerwelt des Fußballs müssten sie mindestens genauso herbe Kritik aushalten. Im Amateurbereich wird es sicher noch den ein oder anderen homosexuellen Fußballer geben, der sich outen wird, doch am Profifußball wird das wirkungslos vorbeiziehen. An der vorherrschenden Männlichkeit werden solche

Einzelfälle nichts ändern können. Gerade im Amateurbereich ist die Gangart mit Schwulen oft noch härter und der Spott umso größer.

Die vorherrschende Männlichkeit könnte wenn überhaupt lediglich durch das öffentliche Coming-out mehrerer Profifußballer in einen Umbruch geraten. Doch die wirklich dominierenden Akteure im Geschäft und das sind häufig nicht die aktiven Fußballer selbst, wissen das zu verhindern. Ein Coming-out hätte Auswirkungen auf den gesamten Fußball und das wollen die obersten Entscheidungsträger mit aller Männlichkeit und Macht vermeiden. Wo Vereinsbosse, Präsidenten und wirtschaftliche Interessen zusammenkommen, dort ist kein Platz für sentimentale Einzelschicksale, die einen Verein oder möglicherweise eine ganze Liga in Aufruhr versetzen können. Der Druck von außen auf die wirklichen Aktiven, die von Spiel zu Spiel auf dem Rasen die Männlichkeit präsentieren sollen, ist groß und ihr eigener Einfluss im Gegensatz dazu verschwinden gering. Abgesehen davon will auch der Großteil der heterosexuellen Spieler keine Verbindung zur Homosexualität aufkommen lassen, sondern den Sport als Plattform für einen uneingeschränkten männlichen Herrschaftsbereich wissen. Der Fußball wird in jeder seiner Facetten von Männern dominiert, die die unbedingte männliche Assoziation zu diesem Sport verteidigen. Die unterdrückten und zahlenmäßig vollkommen unterlegenen Homosexuellen werden daran auf absehbare Zeit nichts ändern können, weil diejenigen, die an der Bastion ernsthaft rütteln könnten, selbst längst Teil des männlich dominierten Schauspiels geworden sind.

Jedoch bestehen seit einigen Jahren alternative Strukturen, so finden seit 1992 einmal im Jahr die EuroGames statt, die von der European Gay & Lesbian Sport Federation (EGLSF) vergeben werden. Dieser Wettbewerb soll einen Raum schaffen, in dem schwule, lesbische und bisexuelle Sportler/-innen sich nicht verstecken oder verstellen müssen. Gleichzeitig ist die öffentliche Positionierung gegen Homophobie und für die Integration von homosexuellen Sportler/-innen ein Anliegen dieser subkulturellen Meisterschaft. Neben solchen alternativen Strukturen haben sich seit Anfang des 21. Jahrhunderts zunehmend queere Fanclubs gegründet, die in den Stadien öffentlich als schwule oder lesbische Fans auftreten, so haben sich mittlerweile neunzehn schwul-lesbischen Fangruppierungen in Deutschland gebildet. Es geht darum, die eigene sexuelle Orientierung sichtbar zu machen, um dadurch zu einer Enttabuisierung und Verselbstverständlichung von Homosexualität im Fußball beizutragen (Degele & Janz, 2011, S. 21f).

Neben den Homosexuellen sind es die Frauen, die das Potential haben, dem männlich konnotierten Fußball in seiner Vorherrschaft ein Ende zu setzen

3.6.3 Der Einfluss der Frauen

> „Die Zukunft des Fußballs ist weiblich" (Krull, 2007, zitiert nach Blatter, 2007).

Der Fußball ist ein Volkssport und der Männerfußball hat sich im Laufe der vielen Jahre etabliert. Er hat, anders als der Frauenfußball, eine breite und tiefverwurzelte Fanszene und -kultur, die diesen Sport bereits getragen hat, bevor er zu einem Großevent wurde, das sich tausende Menschen vor einer Großbildleinwand gemeinsam anschauen. Der Fußball in Deutschland, soweit er von Männern gespielt wird, findet bis in die untersten Ligen der Amateurklassen eine solche Anhängerschaft und stößt auf so breite Unterstützung und großes Interesse, wie kaum ein anderer Sport. Mit den drei Bundesligen (erste, zweite und mittlerweile dritte) als Zugpferde, die in der „Sportschau" oder früher „Ran" ihre mediale Geburtsstunde fanden und heute in allen Massenmedien ihre Plattform bekommen, zieht sich das öffentliche Interesse und die Fanliebe bis zu den weit darunter liegenden Amateurmannschaften hin. Heute werden sogar Amateurspiele live im Internet übertragen.

In seinem tiefsten Verständnis ist es ein Sport für Männer, jedoch bekam er einen großen Aufwind an eigentlich „uninteressierten" Zuschauern, vor allem weibliche. Auslöser hierfür war besonders das Auftreten der Nationalmannschaft und die Ausrichtung der WM 2006 im eigenen Land. „Das Sommermärchen" und der Fußball wurden zu einem gemeinschaftlichen Ereignis, bei dem es nicht mehr allein um den sportlichen Ausgang einer Partie, sondern um das Erleben eines außergewöhnlichen Zusammengehörigkeitsgefühls ging. Fußball war in diesem Moment nicht mehr nur ein Sport, sondern ein Ereignis, das ein Jeder gerne in Gesellschaft verbringen und für diesen Moment zusammeneintreten und gehören will. Zu diesem Ereignis traten immer mehr Menschen hinzu, die man nicht explizit als ausgesprochene Fußballfans bezeichnen kann, um ein Großereignis zu erleben.

Fußball wird zur Popkultur und die Mannschaften sind Identifikationssymbole für eine Nation, eine Region oder eine Stadt. Fußballer wie David Beckham und Cristiano Ronaldo, ausgestattet mit einer ordentlichen Portion Männlichkeit und einem guten Maß an Publicity, haben eine breite weibliche Anhängerschaft. Fernab also ihrer fußballerischen Fähigkeit, die von Männern von Spiel zu Spiel aufmerksam verfolgt, bewundert oder auch ab und an verspottet wird, bedienen sie ebenso die weiblichen Ansprüche an einen Fußballstar. Sie generieren die Aufmerksamkeit von beiden Geschlechtern gleichermaßen.

Davon ist der Frauenfußball noch entfernt. Dies liegt zum einen an ihrer geringeren medialen Präsenz, die für einen solchen Starkult unabdingbar ist, zum anderen aber auch an einer grundsätzlich weniger ausgeprägten und kaum verwurzelten Fanszene. Zwar genießt die Frauennationalmannschaft und mit einigem Abstand dahinter auch die Mannschaften der ersten Bundesliga eine gewissen Aufmerksamkeit von Fans und Zuschauern, doch in deutlich geringerem Maße als die Herren. Von den Amateurmannschaften einmal ganz abgesehen. Aber es gilt auch zu betonen: Der Frauenfußball in Deutschland ist keineswegs mehr nur eine müde belächelte Randsportart. Im Schatten seines großen männlichen Vorbilds hat er sich gemausert und profitiert nun enorm von dem Fußball in seinem Event-Charakter. Immerhin hat sich von 2003/2004 mit durchschnittlich 548 Zuschauer/-innen pro Frauenbundesligaspiel, die Zahl mit 1076 in der Spielzeit 2015/2016 verdoppelt (Statista, 2016/2).

Die Fußballweltmeisterschaft der Frauen in Deutschland fand vom 26. Juni bis zum 17. Juli 2011 statt. „Sommermärchen reloaded" titelte der DFB auf seiner Internetseite in Anlehnung an den positiven Ausnahmezustand, den die Ausrichtung der WM der Männer 2006 in diesem Land auslöste. Insgesamt wurden 845.711 der insgesamt eine Millionen Karten für die WM verkauft und das Eröffnungsspiel Deutschland gegen Kanada erreichte mit über 15 Millionen Zuschauer/-innen vor dem Fernseher einen Marktanteil von 60 Prozent und stellte einen Zuschauerrekord für Europa bei einer Frauen-WM im Olympia Stadion mit 73.680 Zuschauer/-innen ein. Damit war das Eröffnungsspiel restlos ausverkauft. Die absolute Zuschauerhöchstmarke für ein Frauenfußballspiel wurde im WM-Finale 1999 in Los Angeles aufgestellt, sage und schreibe 90.185 Zuschauer/-innen wollten das Endspiel zwischen den USA und China sehen. Die WM in Kanada 2015 besuchten sogar insgesamt 1,35 Millionen Zuschauer/-innen (wikipedia, 2016/2). So stieg auch das Preisgeld des DFB für den erfolgreichen Gewinn der Frauen-Europameisterschaft 1989, ein Kaffeservice, für den Gewinn der WM 2011 auf 60.000 Euro an (Degele & Janz, 2011, S. 15).

Ein weiteres Beispiel dafür, dass Frauen im Fußball zunehmend Aufmerksamkeit erfahren, war auch die Wahl zum „Weltfußballer des Jahres 2010". Seit 2001 wird neben ihrem männlichen Kollegen eine „Weltfußballerin des Jahres" gekürt. 2010 wurde im Zuge der legendären Spielerwahl erstmals auch ein „Welttrainer des Jahres" und sogar eine „Welttrainerin" erkoren. Die Gewinne-

rin hieß am Ende Silvia Neid und war zu dieser Zeit Deutschlands Bundestraine-
rin der Frauennationalmannschaft. Sie konnte diesen Erfolg im Jahr 2013 sogar
widerholen und mit Nadine Angerer 2013 und Nadine Keßler 2014 folgten sogar
mehrere „Weltfußballerin(nen)" des Jahres. Bei den Männern konnte Lothar
Matthäus 1991 zuletzt die Auszeichnung „Weltfußballer" und 2014 Joachim
Löw als „Welttrainer" des Jahres, verzeichnen (Fifa, 2016).

Der Frauenfußball ist auch in Deutschland eine schnell wachsende Sportart, was
nicht zuletzt den Erfolgen der deutschen Frauenfußballmannschaft zu verdanken
ist. So nahm auch die Mitgliederzahl von Frauen in Fußballvereinen von
800.000 aktive Spielerinnen (2011), auf über 1,1 Millionen aktive Spielerinnen
(2015) zu (DOSB, 2015). Auch finanziell erobern die Frauen die Männerdomäne Fußball, so liegt der Etat des Bundesligaverein VfL Wolfsburg bei ungefähr
3,5 Millionen Euro (wikipedia, 2016/3). Diese aussagekräftigen Zahlen belegen,
dass die Zukunft des Fußballs weiblich ist und der Frauenfußball sich die öffentliche Präsenz ebenso hart erkämpft hat, wie einst die Männer, die den Fußball
vom rüden Spiel zum Volkssport gemacht haben.

4. Fazit der Ergebnisse im Rahmen der Wissenschaftlichen Hausarbeit

Als Ergebnis meiner Arbeit lässt sich sagen, dass Fußball eindeutig als eine Struktur der Herstellung und Reproduktion traditioneller hegemonialer Männlichkeit gekennzeichnet werden kann. Vor allem dem Aspekt der Reproduktion wird der Fußball in Zeiten von neoliberal angelegten Gesellschaften mit traditionellen Vorstellungen von Männlichkeiten gerecht. Es sind die homosozialen Räume, die der Fußball durch die Fankultur und dem Ausschluss des weiblichen vom „Männerfußball" bietet, in denen sich Männer ohne die Präsenz des Weiblichen aufhalten, die habituelle Sicherheit vermitteln und so Verunsicherung bezüglich der männlichen Identität ausgleichen können (Meuser, 2001, S. 4). Die fast rein männliche Fangemeinschaften unterstützen den Erhalt der hegemonialen Männlichkeit, indem sie ihren Mitgliedern die Möglichkeit bieten, das traditionelle Männerbild in einer Weise auszuleben, wie es in anderen modernen gesellschaftlichen Sphären nicht mehr uneingeschränkt möglich ist (Meuser, 2001, S. 12). Dadurch wird die Abgrenzung gegenüber Frauen oder auch anderen Formen von Männlichkeit bewirkt und der Zusammenhalt zwischen den Männern verstärkt (Meuser, 2001, S. 10).

Fußball stellt vor allem im jugendlichen Alter heranwachsender Männer einen dieser homosozialen Räume dar. Über die Teilnahme an sportlichen Aktivitäten und an dem bei Jungen sehr beliebten Fußballspiel wird die Eingebundenheit in männliche Strukturen gesichert (Jösting, 2005, S. 246ff). Folglich wird die Männlichkeit eines nicht fußballspielenden oder auch sonst nicht sportlichen Jungen schnell in Frage gestellt. Durch Partizipation an einer männlich konnotierten Aktivität, wie sie das Fußballspiel darstellt, erlangen Jungen die Möglichkeit, sich als männlich darzustellen oder Aspekte der hegemonialen Männlichkeit zu erlernen, um sie anschließend „im Wettbewerb" um Anerkennung zu reproduzieren (Jösting, 2005, S. 247).

Die Bedeutung dieser Struktur wird im Umkehrschluss deutlich, wenn betrachtet wird, welche weitreichenden sozialen Konsequenzen eine Exklusion aus dem Wettbewerb um Männlichkeit haben kann. Der Verlust von Männlichkeit wird aus der Perspektive der hegemonialen Männlichkeit mit der Zuordnung zu einer marginalisierten Männlichkeit gleichgesetzt (Connell, 2001, S. 101ff). Daher sind beispielsweise homosexuelle Männer Teil einer marginalisierten Form von Männlichkeit. Jedoch bietet die homosoziale Gesellschaft, die sich rund um das Fußballspiel ansiedelt, auch die Chance der Teilhabe an der hegemonialen

Männlichkeit für männliche Subjekte, die den vorherrschenden Idealen nicht vollkommen entsprechen, oder für marginalisierte Subjekte. Durch die Akzeptanz und Imitation der Aspekte hegemonialer Männlichkeit werden auch diese Individuen als traditionelle Männer identifiziert und anerkannt. Dies ist allerdings nur deshalb möglich, weil Fußball eine von allen anderen gesellschaftlichen Strukturen, wie beispielsweise auch der Schichtzugehörigkeit, scheinbar losgelöste Sphäre darstellt, in welcher lockere soziale Verbindungen zwischen den Männern geschaffen werden können (Diehr & Quinkenstein, 2007, S. 67).

Einen grundlegenden Aspekt der Institution Fußball stellt der Ausschluss der Weiblichkeit dar. So reduziert sich für die involvierten Männer der Druck, bestimmten neuartigen Formen moderner Männlichkeit entsprechen zu müssen, signifikant durch die Abwesenheit des Weiblichen (Jösting, 2005, S. 249). Infolgedessen stellt insbesondere Fußball einen Raum dar, in dem Männer sich selbst würdigen, aneinander messen und sich so ihrer Männlichkeit vergewissern können (Bromberger, 2006, S. 50).

Fußball stellt eines der wenigen Felder dar, in dem traditionell hegemoniale Männlichkeit noch weiterhin Bestand hat. Durch den konsequenten Ausschluss des Weiblichen und die Abwertung marginalisierter Männlichkeiten kann die Vorherrschaft des rauen und „wahrhaft männlichen" Mannes aufrecht gehalten werden. Die Institution Fußball weist damit deutlich konservativere Strukturen auf als andere gesellschaftliche Bereiche wie Politik oder Ökonomie, wo es durch die starken gesellschaftlichen Veränderungen der letzten Jahrzehnte sowohl zu einer teilweisen sozialen Öffnung dieser Felder für Frauen kommen konnte, wie auch zur Akzeptanz des sexuellen Coming-outs nicht heterosexueller Männer und Frauen.

Eine soziale Modernisierung der beliebten Ballsportart im Sinne einer vollständigen Öffnung gegenüber alternativen Formen von Männlichkeit und gegenüber Frauen, ohne ausgrenzende Sonderregelungen für den Frauenfußball, ist daher in naher Zukunft nicht zu erwarten. Fußball als einer der letzten Zufluchtsorte traditioneller hegemonialer Männlichkeit stabilisiert die veraltete normative Männlichkeit.

Literaturverzeichnis

Beiträge aus Büchern:

Behn, S. (2006). Evaluation des Fan- und Besucherbetreuungsprogramms zur FIFA WM 2006 in Deutschland. Hannover.

Behnke, C. & Meuser, M. (1999). Geschlechterforschung und qualitative Methoden, Qualitative Sozialforschung I. Opladen: Leske & Budrich.

Bleibtreu-Ehrenberg, G. (1978). Tabu Homosexualität - die Geschichte eines Vorurteils. Frankfurt: Fischer.

Böhnisch, L. & Winter, R. (1993). Männliche Sozialisation. Weinheim/München.

Bourdieu, P. (1979). Entwurf einer Theorie der Praxis auf der ethnologischen Grundlage der kabylischen Gesellschaft. Frankfurt.

Bourdieu, P. (2005). Die männliche Herrschaft. Frankfurt.

Castel, R. (2000). Die Metamorphosen der sozialen Frage. Eine Chronik der Lohnarbeit. Konstanz.

Connell, R. (1999/2000/2001). Der gemacht Mann. Konstruktion und Krise von Männlichkeiten. Wiesbaden: VS Verlag für Sozialwissenschaften.

De Beauvoir, S.(2000). Das andere Geschlecht: Sitte und Sexus der Frau (15. Auflage). Berlin: Rowohlt Taschenbuch Verlag.

Degele, N. & Janz, C. (2011). Hetero, weiß und männlich? Fußball ist viel mehr! Berlin: Friedrich-Ebert-Stiftung.

Hagemann-White, C. (1984). Sozialisation – weiblich – männlich?. Opladen: Leske & Budrich.

Heitmeyer, W. (2007). Deutsche Zustände „Deutsche Zustände", Folge 5. Bielefeld: Suhrkamp.

Hertling, T. (2011). Homosexuelle Männlichkeit zwischen Diskriminierung und Emanzipation. Eine Studie zum Leben homosexueller Männer heute und Begründung ihrer wahrzunehmenden Vielfalt. Berlin: Lit Verlag.

Jantz, O. & Brandes, S. (2006). Geschlechtsbezogene Pädagogik an Grundschulen. Wiesbaden: Springer.

Jösting, S. (2005). Jungenfreundschaften: zur Konstruktion von Männlichkeit in der Adoleszenz. Wiesbaden: VS Verlag für Sozialwissenschaften.

Kinsey, A. (1953). Sexual Behavior in the Human Female. Philadelphia: W.B. Saunders.

Meuser, M. (1998). Geschlecht und Männlichkeit. Soziologische Theorie und kulturelle Deutungsmuster. Opladen.

Meuser, M. (2000). Männerwelten. Zur kollektiven Konstruktion hegemonialer Männlichkeit. Essen: Manuskript.

Meuser, M. (2007). Herausforderungen: Männlichkeit im Wandel der Geschlechterverhältnisse. Köln: Köppe

Mosse, G. L. (1997). Das Bild des Mannes. Zur Konstruktion der modernen Männlichkeit. Frankfurt.

Müller, M. (2007). Fußball als Paradoxon der Moderne. Zur Bedeutung ethnischer, nationaler und geschlechtlicher Differenzen im Profifußball. Wiesbaden: VS Verlag für Sozialwissenschaften.

Müller, M. (2009). Fußball als Paradoxon der Moderne. Zur Bedeutung ethnischer, nationaler und geschlechtlicher Differenzen im Profifußball. Wiesbaden: VS Verlag für Sozialwissenschaften.

Rohlwing, C. (2015). Homosexualität im deutschen Profifußball: Schwulenfreie Zone Fußballplatz? Marburg: Tectum.

Schmale, W. (2003). Geschichte der Männlichkeit in Europa (1450-2000). Wien: Böhlau Verlag.

Scholz, S. (2004). Männlichkeit erzählen. Lebensgeschichtliche Idenditätskonstruktionen ostdeutscher Männer. Münster.

Sülzle, A. (2011). Fußball, Frauen, Männlichkeiten. Eine ethnographische Studie im Fanblock (1. Auflage). Frankfurt: Campus Verlag GmbH.

Theweleit, K. (2004). Tor zur Welt. Fußball als Realitätsmodell. Köln.

Villa, P.-I. (2006). Sexy Bodies. Wiesbaden: VS Verlag.

Villa, P.-I, Jäckel, J., Pfeiffer, Z. S., Sanitter, N. & Steckert, R. (Hrsg.). (2012). Banale Kämpfe? Perspektiven auf Populärkultur und Geschlecht. Wiesbaden: Springer.

Beiträge aus Herausgeberwerken:

Alfermann, D. (2006). Psychosoziale Entwicklung und ihre Bedeutung für die Geschlechterordnung im Sport. In Hartmann-Tews, I. & Rulofs, B. (Hrsg.), *Handbuch Sport und Geschlecht* (S. 68-77). Schorndorf: Hofmann.

Bergmann, F. & Moos, J.(2007). Männer und Geschlecht. In Penkwitt, M. (Hrsg.), *Männer und Geschlecht* (Freiburger Geschlechter Studien, Ausgabe 21/2007, S. 13-37). Freiburg: jos fritz Verlag.

Boesenberg, E. (2007). Verkehrte Welt? Fußball und hegemoniale Männlichkeit in den USA. In Zentrum für transdisziplinäre Geschlechterstudien (Hrsg.), *Fußball und Gender* (Bulletin Nr. 33, S. 5-15). Berlin: Universitätsdruckerei der HU

Böhnisch, L. (2008). „Kleine Fußballschule der Männlichkeit". In: Rautenberg, M., Tillmann, A. & Böhnisch, L. (Hrsg.), *Doppelpässe. Eine sozialwissenschaftliche Fußballschule* (S. 74-90). Weinheim: Juventa.

Bourdieu, P, (1997a): *Die männliche Herrschaft*. In Dölling & Krais (Hrsg.), S. 153-217.

Bromberger, C. (2006). „Der ethnologische Blick auf Sport, Fußball und männliche Identität." In Kreisky, E. & Spitaler, G. (Hrsg.), *Arena der Männlichkeit: Über das Verhältnis von Fußball und Geschlecht* (S. 41-52). Frankfurt: Campus.

Claus, R. (2010). Transkulturalität ist bei uns alltäglich. Roger Dan Nussbaum im Gespräch mit Robert Claus. In Blecking, D. & Dembowksi, G. (Hrsg.), Der Ball ist bunt. Fußball, Migration und die Vielfalt der Identitäten in Deutschland (S. 176-180). Frankfurt.

Connell, R. (1998). Der gemachte Mann, Konstruktion und Krise von Männlichkeiten. In Müller, U. & Stahl, C. (Hrsg.), *Geschlecht und Gesellschaft* (3. Auflage). Frankfurt: VS Verlag für Sozialwissenschaften.

De Hek, A.M. (2011). Homophobie im Fußballsport. In De Hek, A. M., Kampmann, C, Kosmann, M & Rüßler, H. (Hrsg.), *Fußball und der die das Andere. Ergebnisse aus einem Lehrforschungsprojekt*. Freiburg: Centaurus Verlag & Media KG

Dembowski, G. (2002). Von Schwabenschwuchteln und nackten Schalkern. Schwulenfeindlichkeit im Fußballmilieu. In Dembowski, G. & Scheidle, J.

(Hrsg.), *Tatort Stadion. Rassismus, Antisemitismus und Sexismus im Fuß-ball* (S. 140-146). Köln: Papy Rossa.

Dörre, K. (2007). Prekarisierung und Rechtspopulismus - gibt es einen Zusam-menhang? In WisoDiskurs (Hrsg.), *Exptertisen und Dokumentationen zur Wirtschafts- und Sozialpolitik* (06/2007, S. 24-34). Friedrich-Ebert Stiftung.

Gildemeister, R. (2004). Doing Gender: Soziale Praktiken der Geschlechterun-terscheidung. In Becker, R. & Kortendiek, B. (Hrsg.), *Handbuch der Frau-en- und Geschlechterforschung. Theorie, Methoden, Empirie* (S. 132-141). Wiesbaden.

Hartmann-Tews, I. (2006). Soziale Konstruktion von Geschlecht im Sport und in den Sportwissenschaften. In Hartmann-Tews, I. & Rulofs, B. (Hrsg.), *Handbuch Sport und Geschlecht* (S. 40–54). Schorndorf: Hofmann.

Horak, R. (2006). Männerort Stadion – Zur Gender-Dimension in empirischen Untersuchungen des Zuschauersports Fußball. In Kreisky, E. & Spitaler, G. (Hrsg.), *Arena der Männlichkeit: Über das Verhältnis von Fußball und Ge-schlecht* (S. 113-122). Frankfurt: Campus.

Kleindienst-Cachay, C. & Heckemeyer, K. (2006). Frauen in Männerdomänen des Sports. In Hartmann-Tews, I. & Rulofs, B. (Hrsg.), *Handbuch Sport und Geschlecht* (S. 112–121). Schorndorf: Hofmann.

Körner, F. (2014). Fußball als moderner Zufluchtsort traditioneller Männlich-keit. Eine Analyse des sozialen Feldes Fußball unter dem Aspekt der Männlichkeit. In Frey, M. (Hrsg.), *Männlichkeiten. Kontinuität und Um-bruch* (S. 138-151). Berlin: Humboldt-Univ

Kreisky, E. (2006). „Fußball als männliche Weltsicht. Thesen aus Sicht der Ge-schlechterforschung". In Kreisky, E. & Spitaler, G. (Hrsg.), *Arena der Männlichkeit: Über das Verhältnis von Fußball und Geschlecht* (S. 21-40). Frankfurt: Campus.

Krell, C. (2008). Das Männerbild von Lesben und Schwulen. In Baur, N. & Lu-edtke, J. (Hrsg.), Die soziale Konstruktion von Männlichkeit : hegemoniale und marginalisierte Männlichkeiten in Deutschland (S. 265-285). Opladen: Budrich.

Meuser, M. (2001). „Ganze Kerle", „Anti-Helden" und andere Typen. Zum Männlichkeitsdiskurs in neuen Männerzeitschriften. In Döge, P. & Meuser, M. (Hrsg.), *Männlichkeit und soziale Ordnung* (Neuere Beiträge zur Ge-schlechterforschung, S. 219-236). Opladen.

Meuser, M. (2003a). Male Bonding. In Aronson, A. & Kimmel, M. (Hrsg.), *Encyclopedia on Men and Masculinities*. Santa Barbara.

Meuser, M. (2005b). *Herausgeforderte Männlichkeit. Neue Zwänge oder neue Optionen?*. In Sowi (34 (3). S. 50-60).

Meuser, M. (2006a). Riskante Praktiken. Zur Aneignung von Männlichkeit in den ernsten Spielen des Wettbewerbs. In Bilden, H., Dausien, B. (Hrsg.), *Sozialisation und Geschlecht. Theoretische und Methodologische Aspekte* (S. 163-178). Opladen: Verlag Barbara Budrich.

Meuser, M. (2008a). „Ernste Spiele. Zur Konstruktion von Männlichkeit im Wettbewerb der Männer". In Baur, N. & Luedtke, H. (Hrsg.), *Die soziale Konstruktion von Männlichkeit. Hegemoniale und marginalisierte Männlichkeiten in Deutschland* (S. 33-44). Opladen.

Neuber, N. (2006). Männliche Identitätsentwicklung im Sport. In Hartmann-Tews, I. & Rulofs, B. (Hrsg.), *Handbuch Sport und Geschlecht* (S. 125–138). Schorndorf: Hofmann.

Pfister, G. (2006). "Auf den Leib geschrieben" - Körper, Sport und Geschlecht aus historischer Perspektive. In Hartmann-Tews, I. & Rulofs, B. (Hrsg.), *Handbuch Sport und Geschlecht* (S. 26-39). Schorndorf: Hofmann.

Rose, L. (1997). Abenteuer - nur für Jungen. Bausteine zur Aufarbeitung der Mädchenfrage im erlebnis- und abenteuerpädagogischen Diskurs. In Friebertshäuser, B. (Hrsg.), *Sozialpädagogik im Blick der Frauenforschung* (S. 171-183). Weinheim.

Scholz, S. (2009). Männer und Männlichkeiten im Spannungsfeld zwischen Erwerbs- und Familienarbeit. In Aulenbacher, B. & Wetterer, A. (Hrsg.), Arbeit : Perspektiven und Diagnosen der Geschlechterforschung (S. 82-99). Münster: Verl. Westfäl. Dampfboot.

Selmer, N. & Sülzle, A. (2006). „Tivoli-Tussen" und Trikotträgerinnen – Weibliche Fankulturen im Männerfußball". In Kreisky, E. & Spitaler, G. (Hrsg.), *Arena der Männlichkeit: Über das Verhältnis von Fußball und Geschlecht* (S. 123-139). Frankfurt: Campus.

Sülzle, A. (2005b). „Technikprojekte für Schülerinnen. Empowerment oder Mädchennachhilfe?". In Eble, K. & Schumacher, I. (Hrsg.), *Mädchen mit Medien aktiv: Medienarbeit in der außerschulischen Bildung* (S. 75-84). Freiburg,

Walter, K. (2006). The Making of Männlichkeit in der Kabine. In Kreisky, E. &
Spitaler, G. (Hrsg.), *Arena der Männlichkeit: Über das Verhältnis von
Fußball und Geschlecht* (S. 99-112). Frankfurt: Campus.

West, C. & Zimmermann, D. H.(1987). Doing gender. In West, C. & Zimmerman, D. H. (Hrsg.), *Gender & Society* (1987/1, S. 125-151).

Beiträge aus Zeitschriften:

Behnke, C. & Meuser, M.(1998). Tausend und eine Männlichkeit? Männlich-
keitsmuster und sozialstrukturelle Einbindungen. *Widersprüche*, 18 (67),
7-25.

Diehr, S. & Quinkenstein, A. (2007). "Ernste Spiele" um Männlichkeit. Über
neue Männer auf Tribüne und Spielfeld des Fußballstadions. *ZtG Bulletin*,
33, 60–80.

Hirschauer, S. (1989). Die interaktive Konstruktion von Geschlechtszugehörigkeit. *Zeitschrift für Soziologie*, 18 (2), 100-118.

Statistiken & Umfragen aus der Literatur:

GfK Marktforschung (1985). *Situationsanalyse des Profi-Fußballs*. Frankfurt.

OGM (1987). *Untersuchung Fußballinteresse*. Wien.

OGM (1992). *Telefonumfrage Fußballinteresse*. Wien.

Österreichische Bundesliga (2001). *2001: Fußball boomt!*. Wien.

Zeitungsartikel von Online-Datenbanken und Zeitungswebseiten:

Ahrens, P. (21.11.2016): Schwulenverband fordert Schutz für Ronaldo. *Spiegel*.
Abgerufen von http://www.spiegel.de/sport/fussball/cristiano-ronaldo-
schwulenverband-beklagt-homophobe-beleidigungen-gegen-superstar-a-
1122317.html

ARD-Recherche-Redaktion Sport (06.01.2015): Homosexualität weiterhin
Tabuthema im Profifußball? Nur elf Klubs beteiligen sich an Umfrage der
ARD-Recherche-Redaktion Sport. Sportwissenschaftlerin Tanja Walther-
Ahrens kritisiert Bundesligisten. *PRESSEPORTAL*. Abgerufen von
http://www.presseportal.de/pm/7169/2919674

Bock, A. (29.03.2013): Erst Coming-out, dann Suizid. *Spiegel*. Abgerufen von
http://www.spiegel.de/sport/fussball/die-geschichte-des-schwulen-
fussballer-justin-fashanu-a-891105.html

Bogena, K. N. (11.11.2007): Drei Homosexuelle Profis sind mir bekannt. Interview mit Marcus Urban. *Welt Online*. Abgerufen von http://www.welt.de/sport/article1350213/Drei_homosexuelle_Profis-sind_mir_bekannt.html

Eder, M. & Klemm, T. (16.11.2009): Hochleistungssport: Die Angst der Supermänner. *FAZ*. Abgerufen von http://www.faz.net/s/RubBC20E7BC6C204B29BADA5A79368B1E93/Do c~E5C3DCDCCA632 47A499100424C3F0DABA~ATpl~Ecommon~Sspezial.html

Emcke, C. & Müller, M. (09.01.2014): Thomas Hitzlsperger. Homosexualität wird im Fußball Ignoriert. *ZEIT ONLINE*. Abgerufen von http://www.zeit.de/2014/03/homosexualitaet-profifussball-thomas-hitzlsperger

Krull, P. (29.10.2007): Die Zukunft des Fußballs ist weiblich. *Welt Online*. Abgerufen von https://www.welt.de/sport/article1306397/Die-Zukunft-des-Fussballs-ist-weiblich.html

Rosentritt, M. (31.01.2000): Folge 9: Über die Länge die Größe vergessen - Verbale Entgleisungen. *DER TAGESSPIEGEL*. Abgerufen von http://www.tagesspiegel.de/sport/folge-9-ueber-die-laenge-die-groesse-vergessen-verbale-entgleisungen/119998.html

Schäfer, M. (06.01.2015): Ein Jahr danach. Thomas, Marc Schäfer, Ein Jahr danach. Thomas Hitzlsperger im MÄNNER-Interview. *Männer*. Abgerufen von http://m-maenner.de/2015/01/thomas-hitzlsperger-im-maenner-interview/

Witte, J. (12.06.2012): Hoffe, dass keine Schwulen in der Mannschaft sind. *Spiegel*. Abgerufen von http://www.spiegel.de/panorama/leute/em-antonio-cassano-macht-mit-schwulenfeindlichen-aeusserungen-wirbel-a-838496.html

Beiträge aus dem World Wide Web:

Bier-entdecken (2016). *Bier Werbe Slogans*. Zugriff unter http://www.bier-entdecken.de/bier-werbe-slogans/

Brzozowski (2016). *Aphorismen*. Zugriff unter https://www.aphorismen.de/suche?f_thema=Tradition

Grönemeyer, H. (1984). *Mann. Aus dem Album 4630 Bochum.* Zugriff unter
http://www.songtexte.com/songtext/herbert-gronemeyer/manner-
3bdcf498.html

Fifa (2016). *The best fifa football awards.* Zugriff unter http://de.fifa.com/the-
best-fifa-football-awards/index.html

Morris, D. (2016). *Zitate Desmond Morris.* Zugriff unter
http://zitate.woxikon.de/autoren/desmond-morris

wikipedia (2016). *Umbenennung des Stadions.* Zugriff unter
https://de.wikipedia.org/wiki/Fu%C3%9Fballstadion#Umbenennung_des_
Stadions wikipedia,

wikipedia (2016/2). *Fußball-Weltmeisterschaft der Frauen.* Zugriff unter
https://de.wikipedia.org/wiki/Fu%C3%9Fball-
Weltmeisterschaft_der_Frauen

wikipedia (2016/3). *Frauen-Bundesliga. Finanzen.* Zugriff unter
https://de.wikipedia.org/wiki/Frauen-Bundesliga#Finanzen

Statistiken aus dem World Wide Web:

DFB (2016). *Mitgliederstatistik.* Zugriff am 21.09.2016 unter
http://www.dfb.de/verbandsstruktur/mitglieder/

DOSB (2015). *Bestandserhebungen - Mitglieder-Statistik.* Zugriff unter
www.dosb.de/de/service/download-center/statistiken/

Statista (2011/1). *Interessen an Fußball in Deutschland nach Geschlecht.* Zugriff am 28.10.2016 unter
https://de.statista.com/statistik/daten/studie/203475/umfrage/interesse-an-
fussball-in-deutschland-nach-geschlecht/

Statista (2011/2). *Akzeptanz von Homosexualität im Frauenfußball.* Zugriff am
04.10.2016 unter
https://de.statista.com/statistik/daten/studie/193766/umfrage/akzeptanz-
von-homosexualitaet-im-frauenfussball/

Statista (2015). *Umfrage in Deutschland zur eigenen sexuellen Orientierung.*
Zugriff am 04.10.2016 unter
https://de.statista.com/statistik/daten/studie/479510/umfrage/umfrage-in-
deutschland-zur-eigenen-sexuellen-orientierung/

Statista (2016). *Interesse an der Sportart Fußball*. Zugriff am 28.10.2016 unter https://de.statista.com/statistik/daten/studie/171037/umfrage/interesse-an-der-sportart-fussball/

Statista (2016/2). *Durchschnittliche Zuschauerzahl der Herren und Frauenbundesliga*. Zugriff am 28.10.2016 unter https://de.statista.com/statistik/daten/studie/193131/umfrage/durchschnittliche-zuschauerzahl-der-herren-und-frauen-fussballbundesliga/

Transfermakt (2016). *Spieler 1, 2 und 3 Liga*. Zugriff am 22.09.2016 unter http://www.transfermarkt.de/wettbewerbe/national/wettbewerbe/40.